客户拒绝不了的销售术

杨光华　著

中国原子能出版社

图书在版编目（ＣＩＰ）数据

客户拒绝不了的销售术 ／ 杨光华著 ． -- 北京 ： 中
国原子能出版社， 2020. 9
　　ISBN 978-7-5221-0866-7

　　Ⅰ ． ①客… Ⅱ ． ①杨… Ⅲ ． ①销售－通俗读物 Ⅳ .
① F713. 3-49

中国版本图书馆 CIP 数据核字（2020）第 169904 号

客户拒绝不了的销售术

出版发行	中国原子能出版社（北京市海淀区阜成路43 号　100048）
责任编辑	左浚茹
装帧设计	胡椒设计
责任印制	潘玉玲
印　　刷	北京时捷印刷有限公司
经　　销	全国新华书店
开　　本	787mm×1092 mm　1/16
印　　张	13.5
字　　数	152 千字
版　　次	2020 年 9 月第 1 版　　2020 年 9 月第 1 次印刷
书　　号	ISBN 978-7-5221-0866-7　　定　价　49.80 元

网址：http://www.aep.com.cn　　　　E-mail：atomep123@126.com

最好的销售，是让客户"主动成交"

销售是一份极具挑战的职业，成为一名销售冠军，更是不少人职业生涯的奋斗目标。然而，通往销售冠军之路并不好走，相反，路上充满了绊脚石。随着现代社会的飞速发展，简单、过时的销售套路，已经无法满足当今市场经济竞争的需要。如何掌握前沿的、高效的销售理念，成长为一名与时俱进的 Top Sales，便是这本书想要向你介绍的。

思维决定高度，不少销售人员业绩平平、成长缓慢，就是因为没有及时更新自己的"认知系统"。首先，回归销售的本质。不少人把销售这份工作，仅仅看成一个不断说服客户、使劲促单，把产品卖出去的过程，这是一个误区。

我们都知道，销售面对和服务的对象是客户。那么，客户是一个怎样的群体呢？表面上看，客户只是一群"想买东西"的人；但是从深层次分析，他们是一个有主观需求的、希望获得价值的群体。所以，要想干好销售，就要懂得帮助客户挖掘自身的需求，获得期待的价值，让客户心甘情愿地完成"主动成交"。

升级自己的"认知系统",等于帮你理清头绪,确认了努力的方向,不再在销售的道路上走弯路、走岔路。接下来,就是要系统化、分阶段地掌握在实战中卓有成效的销售技巧。为了方便大家学习和借鉴,我将销售的整个实战过程分为6个阶段——精准获客、自我包装、产品推荐、体验打造、稳步促单、持续营销,它们环环相扣、缺一不可。

比如,懂得精准获客,能让效率大大提升;提升自我专业度、学会产品包装技巧、打造体验式营销,能快速赢得客户信赖;恰到好处的促单艺术,也是消除客户异议,最终促成下单的制胜法宝;最后也是非常关键的一点,销售的结束并非客户付钱的那一刻,持续性营销为王的时代,对客户的售后服务和连贯性关注,都是创建企业好口碑、实现流量裂变的关键步骤。

销售之路无止境,一个优秀的销售者,必须拥有这样的全局观念,把握好每一个阶段,提升自己各个方面的能力,才能在挖掘新客户、成就老客户、创建忠实客户的这条路上越拓越宽、越走越稳。

目录

第一章

认知升级：像销售冠军一样思考

每个销售冠军，都以自己的职业为荣

如果自身伟大，任何工作你都不会觉得渺小。

——苏格兰作家乔·麦克唐纳

销售工作的重要性

社会中，人们从事各行各业，销售是常见职业的一种。有一位哲学家曾经说过这样的话："每个人都因向别人销售着什么而生活。"可以说，销售是一门既能改变他人思想，又能体现自我价值的艺术。对于销售冠军来讲，他们从来不会轻视自己的职业，相反，他们会以自己的职业为荣。

销售的重要性很多时候是超乎产品本身的。能够想象吗？一个精妙绝伦，足以改变世界的产品，如果没有销售人员的努力，也不会得到很好的售卖，帮助到更多需要的人。

当爱迪生发明了电灯，他却无力说服那些固执的人去正眼瞧一瞧；

当第一台缝纫机面世，波士顿的百姓不但不相信它的价值，反而将其砸碎；

当莫尔斯发明了电报，他没有办法让当时的议会相信电波的存在……

这些事例告诉我们，好的产品离不开销售人员的宣传和推广。众所周知，在美国销售人员的数量很多，地位也很高，每个州都会设立销售员协会等组织，有人将美国的繁荣归功于销售人员，甚至美国人会认为，如果所有的销售人员全部罢工，那么美国的经济会马上陷入瘫痪。

现如今，各行各业的发展都离不开销售人员的付出，而销售工作对于任何一个企业来讲，都是至关重要的。

销售冠军的职业荣誉感

在销售这个行业中，能够取得不俗的成绩，自然离不开对本职工作的认可。美国某公司曾经做过一项科学调研，他们从10家不同领域的企业中，各挑选出1名最优秀的销售人员，然后让他们分别写出自己能够取得优秀成绩的深层因素，每个人需要写出3条。这10位销售冠军交上来的答卷显示，其中有8位都写到同一条因素——对销售工作的热爱与自豪。

由此可见，只有秉持对工作的自豪感和荣誉感，才能够让自己全身心地投入其中。我们每个人，首先需要接纳自己的职业，之后才有可能赢得客户对我们的尊重和认可，最终实现销售上的成功。如果你现在尚没有形成这种观念，不妨试着从以下几方面来建立自身的职业荣誉感：

1. 了解自我，建立自信

一个自卑的人，无论从事什么职业，都不会以职业为荣，反而会怀疑职业本身的价值。因此，在进入销售行业之前，就必须要建立自信心。

2. 了解产品，提升职业成就感

当我们对产品有了足够的了解之后，在与客户接触的过程中，才能够更加的积极和主动，并保持良好的销售状态，从而获得来自客户方面的积极反馈，再次提升自己的职业成就感。

3. 了解行业，让大环境促成职业荣誉感的形成

社会在发展，当销售行业的大环境发生变化时，我们实际的销售活动

也会受到影响。因此，我们要时刻关注行业大环境的变化和发展，从而不断完善自己的销售战略。这些从大环境中捕获的信息，会促使我们建立与时俱进的职业荣誉感。

销售是一门艺术，同时也是一门学问。我们从事销售工作，首先要做的就是建立自我认知，从内心实现自我尊重。当我们足够尊重自己的职业时，才能拥有强大的磁场，以吸引客户的注意和认可。而保持以本职工作为荣，是每一位销售冠军都有的积极心态，也是销售成功的必备素质。

从"顾问型"销售，到"价值型"销售

只要你能帮助别人得到他们想要的，你就能得到一切你想要的。

——国际知名演说家、作家及全美公认销售天王金克拉

顾问型与价值型销售的区别所在

销售并不是一个普通的职业，它所承载的内涵很深，同样，销售的方式和技巧随着社会的发展也在不断转变和升级。过去，我们经常听到企业说要培养"顾问型"销售人才，而对于现今社会，"价值型"销售才更能够适应市场需求。

到底什么是顾问型销售和价值型销售？下面，我们不妨对这两者进行一下区别与分析。

顾问型销售的特点是，具备所在领域的专业知识，在销售的过程中，会通过提问等方式来了解客户的需求，提供更为合适的产品和方案，从而帮助客户实现目标。

价值型销售的特点则是，围绕价值创造和价值传递来展开所有工作，不光要为客户创造产品价值，还要服务于客户，满足他们更多的需求，争取高价格赢单。价值型销售这个概念的提出，主要是为了解决产品同质化严重的市场大环境下的价格竞争问题，无论对大小企业都适用。

综上，传统的顾问型销售，多是通过询问或者沟通的方式，来劝说客

户购买自己的产品或服务；而价值型销售，则是通过对产品价值的讲解与展现，让客户自己意识到购买产品之后的好处，从而心甘情愿地主动成交。价值型销售相较于顾问型销售而言，无论从思想上还是销售技巧上都是一次重大的变革和发展。

日本一家大型人寿保险公司的销售员森田每次拜访客户，都会先拿出自己的录音机，然后播放一段录音。这段录音的内容很有趣，是一位死者与阎王的对话。

死者说道："我应该去天国，怎么到阴曹地府来了？"

阎王回答道："你没有资格上天国呀！"

死者问道："为什么？"

阎王回答道："你死后，你的亲人连饭都吃不上，你怎么有脸去天国呢？"

死者更加疑惑了，说道："可我没有犯错啊，我是死于意外事故，并没有杀人劫舍。"

阎王说："问题就在这里，如果你投了人寿保险，就不会出现这些问题了。"

死者听后恍然大悟。

这段录音虽然是人为编造的，但是会起到很好的销售效果，就连对保险不感兴趣的人听完这段录音之后，都会思考自己是否应该出于为家人考虑而购买保险，也因此森田成为了保险销售行列中的佼佼者。

这则事例告诉我们，在进行销售的时候，让客户看清楚产品的价值，同时意识到购买产品之后，自身将拥有怎样的价值和好处，往往能够刺激客户的需求，促进销售的达成。

价值型销售的主要职责

推崇价值是对销售职责的一种升级，我们不妨深层次地了解一下，价值型销售人员需要做哪些工作。

1. 为客户创造和呈现价值

客户头脑中产生的购买产品或服务的念头，多半是围绕其价值展开的，而很多时候，客户不会直接看到这些价值，而是通过销售人员的展示或讲解来看到。所以说，销售人员需要为客户创造和呈现价值，这样一来，客户才会进行第二步的思考，即拥有价值、享受价值，成为价值的主体。要做好这一步，有一点很关键，就是了解清楚客户有哪些方面的价值需求，只有这样，才能够更精准地打动客户。

2. 让客户接受价值

这里所说的价值往往来源于三个方面：第一是销售人员创造出来的价值，第二是产品本身的价值，第三是产品创造出来的价值。让客户看到或者体验到价值所在并不是我们的最终目的，只有客户接受价值，销售才能成功。

3. 通过附加价值的手段来实现销售

但是要注意一点，即不可以增加过多的价值，也就是说附加成本不能过多，边际成本越低越好，否则还不如直接利用降低价格的方法来实现销售。

在当今社会，价值型销售无疑是市场亟需的"升级版"销售人才。转型升级为价值型销售，是实现高价值赢单的必由之路，值得强调的是，这就意味着，销售人员与产品应该是融为一体的，在尽心竭力将产品推销出去的时候，我们的销售方式本身就承载了一定的价值体现。

精准定位客户群体，效率提高百倍

不论你卖什么，要让它清晰地传达给你的潜在顾客，买了它比不买它要来得好。

——全美十大杰出营销员乔·甘道夫

定位客户群体的重要性

我们经常会在公园看到一些人手捧鲜花售卖，他们看到单身的男女经过时往往不会主动推销，而当看到一对貌似情侣的年轻人经过时，才会热情地上前劝说购买。他们这样做，便是在寻找最具购买欲望与动机的客户人群。可见，定位客户群体是影响销售结果的最直接因素。

不妨再次思考，如果给你一百万作为广告宣传费用，你不分人群，直接投放到广阔的市场上，想必这笔经费会很快打了水漂，效果也不理想。而如果我们在投放广告之前，能够做好定位工作，找准目标人群即潜在客户群体，效果则大不一样。这个定位的工作，简单来讲，就是将客户进行分类、分层次，找到最有成交希望的群体，保证能够最大概率地完成销售。

在日本东京的一条小街道里，曾经有一家服装店，主要售卖女装，店面不大，位置也比较偏僻，但是生意却异常红火。

老板是一位男士，他在开店选址的时候就注意到，这条小街道上开了好多家健身房、美容店，还有几家花店，更为重要的是很多年轻人都租住在附近的小区。老板说："做完美容、健完身的女士们路过我的店铺，总是希望能够淘到漂亮的衣服。"

不难看出，这家店的老板经营成功的秘诀，就在于对自己产品的客户群体进行了精准定位。

对客户群体的定位，不仅关乎我们销售的成功率，同时也关乎销售的效率。比如，同样是销售人员，你在一天内卖出一件产品，而别人能够在一天内卖出五件产品，虽然都销售成功了，但是你的销售效率却很低，这自然也影响到销售结果。

对客户群体的定位并不能凭直觉，这就要求我们熟练掌握客户定位的技巧，从而提升销售成功率，并实现高效出单。

如何定位客户群体

随着经济市场化程度的加深，人们对各类产品的需求也越来越丰富，所以很多时候我们必须精准定位客户群体，才能够实现成交。在市场上，经常会看到一些客户在询问了产品价格、性能、售后等情况之后，却未成交的现象。很多时候并不是因为我们的产品无法满足客户的需求，而是因为我们没有找准客户，对方可能只是出于好奇进行询问，却并没有从心底打算购买或者他在产品价值上并没有被打动。因此，我们要实现出单，就要有目的、有目标地进行产品推销，将主要精力放在最该关注的人群身上。

另外，定位客户群体的过程，就像钓鱼，不光要主动出击，也要被动等待。因此，我们应学会利用多种渠道进行产品宣传和推广，从而让信息直达目标受众，让客户主动找到我们。

要想精准定位客户群体，我们可以按照以下几个步骤进行。

1. 认清客户群体画像

我们在销售产品之前，就应该清楚产品的最终受众是谁，或者说我们要将产品销售给什么样的客户。比如化肥生产厂家的客户群体必然包含农民，也可以说，目前还在种地的农民就是他们的"准客户"。找到这些针对性强的群体，产品才能实现价值。

2. 了解客户群体活动范围

客户活动也是有一定范围的，这就要求我们利用各种途径去找到客户的活动范围，从而发现潜在客户。比如医疗网站建设，他们的客户群体往往会浏览一些健康类的论坛，因此，不妨利用网络途径做详细分析，从而减少宣传成本，实现快速营销。

3. 筛选核心客户群体

我们的客户群体中，也是分层次的。比如，有些客户可能只是来进行产品咨询的，购买欲望不会太大，而有些客户的购买动机更强，则会成为我们的核心客户群体。因此，不妨积极地进行筛选，对销售人员来说，一定要懂得"小网捞不到大鱼，大网不捞小鱼"的道理。

谁抓住了痛点，谁就抓住了客户

我不是在推销一种产品，而是在推销一种感觉。

——美国著名的推销员乔·吉拉德

客户的痛点，是销售的起点

在当今移动互联网时代，精明的商家都深谙一个道理："客户的痛点，就是一切销售的起点。"一款产品或一项服务如果能解决用户的痛点，自然而然就能够获得客户的认可和青睐，进而取得卓越的销售成果。

那么，到底什么是痛点？所谓痛点，简单来说，就是客户暂时还没有被满足的需求。试想，客户在生活中遇到一些问题，希望能够得到解决，但是因为在自己的认知范围内无法找到满意的产品，从而就会产生更加强烈的需求欲望。此时，如果我们能够提供给客户解决问题的产品，自然能够迎合客户的"口味"，最终得到青睐。

传音手机是一家国产手机品牌，很多人可能不太了解，但它的出口销量可是当之无愧的"全国冠军"，远超排在第二名的华为手机。传音手机之所以能有这么好的销售成绩，就在于它解决了客户的痛点。

传音手机选择主攻出口，放弃了国内的销售市场，直接进入非洲。因为非洲人民的生活水平比较低，通讯技术也比较差，他们没有过多的金钱去购买昂贵的手机，同时也不需要高端手机，他们的"痛点"在拍照和手机联络上。

因为非洲人本身的肤色问题，大多数手机拍照的效果并不理想，比如在晚上拍照，只能看到牙齿和眼睛。而传音手机正是抓住了非洲人的这一重要需求，进行针对性的研发，从而创造出适合非洲人的拍照功能。另外，非洲人多半不止一张手机卡，因此，传音手机实现了一机多卡的设置，一个手机上可以同时安装四张手机卡，这样一来，他们只要购买一台手机便能够满足所有的联络功能了。正是因为着力解决了非洲人民的痛点，传音手机在非洲国家销量很高，占据了当地手机市场份额的40%。

与国内一些知名品牌相比，传音手机抓住了非洲国家客户的痛点，因此得到了认可和欢迎，实现了大批量的销售。可见，抓住客户的痛点不仅能够让我们的销售变得更加顺利，同时也有助于产品的推广。

捕捉痛点，有益于增进关系

很多销售人员常常有这样的抱怨，即不能与客户成为朋友。其实，如果我们在销售的过程中，能够抓住客户的痛点，那么客户便会与我们推心置腹，甚至无话不谈，进而成为朋友。那么我们要如何抓住痛点，来搞定客户呢？不妨从以下几点来进行思考。

1. 交谈时要对关键词有敏锐的感知能力

比如，当客户说"有这钱，我还不如买点好吃的呢"，在这个过程中一定要对"吃"这个词十分敏感，从而你会发现客户的痛点是价格，因此，可以引导客户关注价值，让其感受到产品的价值超过了价格。

2. 提前做好准备

无论是去上门拜访客户，还是给客户打电话进行推销，都应该提前做好准备，比如了解客户的工作特点、脾性爱好，只有这样才能在交谈中准确地了解到客户的痛点，从而有目的地进行产品的介绍与推销。

3. 积累经验

在与客户交谈之后，一定要做总结，比如了解客户群体的痛点方向，是对生活品质的追求，还是希望能够在外人眼里更有面子等。只有总结了经验，才能少走弯路，在今后的销售过程中更有把握。

抓客户的痛点是一个比较高端的销售技巧，我们不仅需要对客户本身有所了解，还要对客户所从事的行业有所了解，要知道这些都不是一朝一夕能够了解到的事情，是需要不断地付出精力和积累经验去完成的。当然，我们一旦能够了解客户的痛点，在销售能力上就会发生质的飞跃。

知行合一，只卖自己高度认同的产品

推销的核心不是推销商品，而是引起认同感。

产品认同感有利于完成销售活动

每一次销售活动，毫无疑问都是围绕自己所要销售的产品来展开。一件好的产品，只有销售人员认可了，客户才有可能认可。因此，我们要卖就卖自己高度认可的产品，这是销售成功的前提。

在推销过程中，我们所表现出来的态度往往会直接影响到客户对产品的态度。如果我们表现出来对产品价值的犹豫、怀疑，那么客户对产品的印象自然大打折扣。因此，在销售的过程中，我们非常有必要培养自己对产品的认同感。

在美国一家科技公司，销售员杰瑞要向客户史密斯推荐自己公司研发的新软件。

杰瑞："史密斯先生，这是我们公司最新研发的软件，我想它对您公司以后的发展是有很大帮助的。"

史密斯："我想知道这款软件究竟是做什么用的，同时，我想知道它对我的公司究竟有什么好处？"

杰瑞："那先让我给您介绍一下新软件的用途和好处吧！您使用这个软

件之后，就不必担心员工会迟到、早退，员工也无须打卡上下班了，只要他们一进门便可以通过系统自动生成记录，避免因为排队打卡浪费时间。以我对您公司的了解，目前您公司有上百名员工，而仅人力部门就有 5 名员工，运用这个系统之后，您可以节约人力成本，至少每年可以节约 10 万美元。如果我拥有一家像您这么大规模的公司，那么我会毫不犹豫地选择这款软件，这样人力部门可以减少一个人的开支，也避免了员工对排队打卡的抱怨，提升了他们对企业的满意度。当然，还有一个好处，那就是避免了员工代打卡情况的发生。"

史密斯听完杰瑞的话，频频点头，不出所料，当天便购买了杰瑞的产品。

杰瑞之所以能够完成这次销售，重要的是他向客户介绍了产品的价值所在，而在介绍产品价值的过程中，充分表现出他本人对产品的认同，这种认同感在无形中会传染给客户，增加客户对产品的信任感，从而产生购买的欲望。

培养自己的产品认同感

作为一名优秀的销售人员，我们不仅需要将产品介绍给客户，更应该将我们对产品的认同感传达给客户，让客户买得开心、用得放心。那么究竟要如何培养自己对产品的高度认同感呢？

1. 了解产品

作为销售人员，我们要推荐给客户的是产品，那么我们必须要先全面深入地了解产品，不仅要了解产品的性能和优势，也要明白产品可能存在的劣势，这样做是为了做到心中有数，这也是形成认同感的关键因素之一。

2. 认可产品价值

我们表面上销售的是产品，而从本质来讲，我们销售的是产品的价值。因此，想要实现销售成功，就要对产品价值有充分的了解，从而在销售的过程中能够对其进行自信的阐述，进一步将这种价值传递给客户。

3. 认可企业文化

客户在购买产品的时候，考虑的往往是企业的品牌和口碑，这也是企业文化中的关键部分。因此，我们要想对产品产生高度认可，就要学习和接受企业文化，对企业文化产生信任。这样，当客户对产品产生质疑的时候，我们也有足够的信心和理由去说服客户，从而实现销售的目的。

4. 提升自信

自信心是每一名销售人员不可或缺的，无论我们销售什么产品，首先要做到相信自己，相信自己有充分的理由将产品销售给客户，并为客户提供价值。这种自信心是可以被客户感知到的，当我们以自信的神态出现在客户面前时，他们也会对我们所承载的企业、产品产生信任。

销售人员本身就像一座桥梁，连接着产品与客户。我们对产品有足够的认同感，从内心深处接受了产品，才会更乐意和主动地为它进行宣传和推广，提升自身工作的热情和积极性，这座桥才会搭得坚固，让客户通过我们的工作来深入了解产品，获得优质的服务，真正实现双赢。

比起产品本身，客户更愿意为体验买单

淘宝网的主业绝不该放在与对手的竞争上，而是把眼睛盯在提升客户体验上。

——阿里巴巴主要创始人马云

客户体验对于出单的重要性

在销售的过程中，很多客户希望能够"试用"，试用之后，再进行购买。这种试用便是一种常见的优化客户体验的方式。那么什么是客户体验呢？客户体验是一种用户在使用产品过程中，逐渐建立起来的一种主观感受。良好的用户体验有助于公司推销和不断完善产品。

现在我们在逛商场的时候，不难发现，产品价格越高的店铺，其店铺内摆放的产品越少，从而供顾客体验的空间就越大，这样购物空间增大，体验空间增大，不仅给人一种高贵优雅的感觉，同时，让人觉得这件商品"值"这个价钱。因此，用客户体验来提升产品价值，这便是体验经济时代的特征。

在当今社会，各行各业的产品事实上都是过剩的，也就是说商家之间的竞争是十分激烈的。在产品贫乏的年代，无论你生产出来什么产品都不愁销售，但是现在，随着生活水平的提高，人们对产品的要求也在不断提升，因此，提升客户的体验，就成了一种重要的促销手段。

有一家国内的面膜品牌，在刚上市时，因为无明星代言，所以很少被消费者知晓，销售量很低。后来销售总监想了一个销售策略，他让所有销售带上面膜去各大商场，年龄在十八到四十五岁之间的女性，只需留下联系方式，便能免费领取两片面膜试用。

通过这次免费试用，在当地这个品牌的面膜很快打开了市场，很多消费者都是在试用之后，开始关注这款面膜，进而介绍给身边的朋友，最终这家面膜企业在国内销量排行前十。

对于一款产品来讲，它只有体现出自己的价值，才能够得到客户的认可。而对于销售人员来讲，要将产品推销出去，那么增加客户体验的环节，不但不会浪费时间，很多时候反而会节约推销的时间，最大机会留住客户。

在超市我们经常会看到"试吃"的摊位，比如试吃新款的面包、薯条、水果等，这也是利用客户体验的原理来进行产品的销售。一方面，客户在试吃之后，发现口味不错，进而会选择购买。另一方面，有些客户试吃试用之后，不好意思不进行购买。因此，在当今经济发达的社会里，增加客户对产品的体验，很多时候要比产品本身更加重要。

提升客户体验的要素

客户体验和销售采取的每一项行动都息息相关，包括那些看似与客户没有直接联系的总体感受的一些行动，因此，在设定客户体验时，一定要注意以下几方面的因素。

1. 设定客户期待

很多客户体验方面的问题都是来自于客户期待没有很好的得到满足，我们要想提升客户体验，不妨以务实的心态设定客户的期待，不可给予客户期待过高，否则客户会感觉到"不满足"。

2.建立渠道鼓励客户进行反馈

客户体验之后，势必会反馈意见，很多时候可能由于我们提供的反馈渠道过于复杂，客户甚至不知道如何反馈，从而客户会不去反馈意见，这样对于我们的销售是不利的。因此，我们不妨建立简单、直接的反馈渠道，以最便捷的方式来让客户进行信息反馈，从而实现再次销售。

3.利用每一条沟通渠道来完善客户体验

一个好的体验系统离不开销售人员与客户进行及时、有效的沟通，因此，建立完整的沟通渠道，这样有助于与客户建立起情感联系，从而也能够防止出现后续问题。如果一旦忽略了客户体验的完整性，那么对于客户来讲这便是很大的疏漏，客户也能够感知出来，这对之后的销售活动是有害无利的。

4.认真解答客户体验之后的疑惑

很多客户既然去进行产品体验，往往是需要购买这款产品的，此时，当客户体验之后，出现疑惑时，作为销售人员应该认真地回答客户的问题，并帮助客户揭开疑惑，这样做不仅是对客户的尊重，更是加大与客户接触，十分有利于接下来的销售工作。

对于客户来讲，他们希望先进行产品的试用、试吃，然后在达到满意效果之后，进行再次购买。这本身是一种购买欲望的外在体现。因此，作为销售人员应该最大限度的利用客户体验，增加客户对产品的认知程度，从而实现销售的目的。

在很多销售人员眼中，客户体验是浪费时间的，因此他们宁愿花费时间去劝说客户购买，去讲解产品的性能，也不愿意让客户亲身进行体验。这并不是明智的选择，要知道，我们想办法去劝说客户购买，这是从销售角度去思考问题的方式，而客户主动要求去体验产品，在客户体验产品之后，他们主观意识上会产生一种购买欲望的思维，这种主动的购买要比我们单方面的促销更有说服力，也更能够让客户接受产品。

　　客户体验是当今社会发展的市场经济需求的一种体现，在很多时候，客户体验要比产品本身更有助于销售的完成，因此，提升客户体验能够让我们在促销过程中更好地抓住客户的味蕾，实现出单。

二八原则：维护一个老客户，胜过开拓十个新客户

销售前的奉承，不如销售后的服务，这是制造永久顾客的不二法门。

——日本著名企业家松下幸之助

销售中离不开二八定律

二八原则是什么？二八原则又被称为二八定律，是由意大利经济学家帕累托发现和提出来的。他认为，在任何一组东西中，最重要的其实只是占到一小部分，大约20%，而其余的80%尽管占到了多数，却是次要的，不重要的，因此称之为二八定律。

二八定律认为事物的核心部位只占到20%，但是却能够发挥80%的作用。比如，关键的20%的客户能够给我们带来80%的利润。因此，要时刻将注意力放在这关键的20%上。

对于销售来讲也是如此，往往在我们的客户群中，关键的20%的客户会给我们带来80%的利润，而其余80%的客户往往带来的价值也是有限的。而这20%的关键的客户是哪一部分呢？即这20%的客户多半是老客户，即对我们的产品或企业保持忠诚度最高的客户群体。

在生活中，我们经常会听到有人说，我用某某牌子的牙膏都用了20年了。我们都知道牙膏品牌数不胜数，可为何有人只选择用某一特定品牌的牙膏，一用便是很多年呢？其实，这部分人便是老客户，也是我们说的忠诚度最

高的客户。

一位优秀的销售，心里很清楚维护老客户要比开发新客户简单的多，因为老客户已经接受了产品，也认可产品，只需要进行关系维护，便能够保证老客户继续使用和购买产品。而对新客户的开发不仅需要投入大量的精力，更需要投入更多的物力。因此，聪明的销售人员会尽最大可能维护老客户，从而通过老客户带来新客户，这样往往能够实现快速营销。

张晓丽是一家保险公司的业务员，她最先结识王太太是在十年前，王太太在她那里购买了一份保险，之后张晓丽过年过节都会赠送礼品，在王太太进行出险时，也是十分积极帮助。之后，王太太介绍了自己三个朋友分别在张晓丽那里购买了多份保险。现在，张晓丽已经与王太太成为很好的朋友，自然王太太家的保险全部是从张晓丽手里购买的。

对于销售人员来讲，维护老客户究竟有哪些好处呢？首先，老客户可以为我们节约时间成本，在我们推销新业务、新产品的时候，老客户更容易接近和接受，在消耗的时间上是很短的。其次，老客户是开发新客户的有利途径。很多老客户会介绍朋友、亲属来进行产品的购买，他们的说服力要远高于销售人员。最后，老客户是我们进行销售的保障。如果我们只顾着跟进新客户，而忽视了老客户，那么老客户很可能会流失，这对我们的销售是十分不利的。

如何维护老客户

既然维护老客户是十分重要的，那么作为销售人员，我们在日常工作中，要如何来维护老客户，促进与老客户的关系呢？

1. 主动与老客户进行沟通，不要被动等待咨询作为销售人员，我们很清楚产品的性能与质量，因此，在老客户购买产品之后，我们应该主动的和对方进行沟通，询问客户对产品有何意见、试用是否顺畅，等等。不用等到客户一个个来咨询，销售人员应该主动介绍产品，增加我们与客户之间的信任感，同时也能刺激他对产品拥有的欲望。

2. 客户咨询时要保持足够的耐心

在销售过程中，你有没有遇到过那种反复询问的客户呢？其实，老客户会反复问一些关于产品的问题这并不稀奇。此时，如果我们以冷漠、烦躁的态度对待他，那么老客户肯定会认为是我们对其不够有耐心。因此，在与老客户进行沟通时，一定要认真并且耐心的回答客户的问题，只有这样客户才会愿意与我们进行沟通，才不至于造成老客户的流失。

3. 保持与客户的联系

客户购买产品并不是终点，而是又一个新起点。因此，无论是销售前，还是销售之后，我们都应该积极地与客户保持联络，了解客户使用产品的过程与结果，让客户对自己货品保持足够的掌控的同时也产生对你的信任。除了围绕产品展开的联系之外，在日常生活中，也可以与客户进行积极地联系，这样能够增加感情的沟通，让客户有需求的时候会第一时间想到你。

4. 有条件最好能面谈

在当今信息化社会，很多时候，我们进行销售往往是通过网络进行的，但是如果有机会还是要与客户进行面谈，这样做的好处是能够增加一份信任基础。让客户对你的印象更加深刻。

5. 有一套高效的客户管理方法

作为销售人员，我们的精力往往是有限的，客户多了以后往往会变得混乱，甚至是记不清楚客户都有谁，甚至会遗漏掉一些老客户。此时，我们不妨制定一套方案，让我们能够高效地管理老客户，从而避免出现遗漏和遗忘。

在销售过程中，我们需要对老客户进行更多的关注，这样做能够促成老客户带来新客户，通过老客户来提升销售额。一位优秀的销售人员很清楚老客户就是价值、是瑰宝，而我们在开拓新客户的时候要花费百分之百的精力，却不一定能够产生利润，而老客户却很容易给我们带来利润的空间，因此，维护老客户要比开拓新客户更为重要。

第二章

精准获客：找到潜在的优质客户

对客户的信息掌握，越充分越好

公司的成功不取决于生产，而取决于客户。

——现代管理学之父彼德·德鲁克

收集客户信息，最大限度了解客户

客户是一个企业运作的核心，销售行动必然是以客户为主的。当然，销售人员只有尽最大努力去了解客户，才能让自己在客户面前占有主动位置。

在当今信息化社会，大量具体的信息和抽象的概念信息成为了实行怎样销售行为的决定因素。其实道理很简单，作为营销人员，你越是了解客户，你就越能够判断出客户所存在的问题，也就越能够拿出解决问题的产品或服务。因此，最大限度地去了解客户，这关乎我们能否直接左右客户购买产品或服务。

你可能认为自己已经从事销售工作很多年了，对于客户的情况已经十分了解了。但是如果你真正开始去收集客户信息，我们就会惊讶地发现，原来客户很多的信息是我们所不知道的，这些信息可能来自于工作，或者是来自于生活，但凡是对我们的销售有影响的信息，我们都不应该放过。比如，客户身处怎样的公司，客户在公司内的职务是什么，客户喜欢怎样的工作氛围，客户掌握的技术是否能够适应自己要推销的产品，等等。我们对客户有几分了解，就意味着客户对我们的产品接受程度有几分。

在美国，保险销售是一项十分受尊重的职业。在美国人的思想意识中，保险销售员的地位仅排在医生和律师之后。可见，他们对保险的重视程度。麦克是一家保险公司的业务员，他已经从事保险行业有将近十年的时间，在公司也是销售部门的佼佼者，他已经连续六个月成为保险公司的销售冠军了。

麦克有一个很厚很厚的记事本，无论走到哪里，在他的公文包中都会装着这个本子。这个本子是他销售的秘诀。

原来麦克将自己接触到的每一位客户的信息都进行了总结和记录，比如苏菲小姐的家庭状况如何，史密斯先生所就职的公司有多少人已经买了人身保险，多少人还未买保险；安德烈亚女士已经45岁了，但没有孩子，她最担心的是什么事情，等等。

麦克将自己了解到的客户信息都会记录下来，他会在销售保险的时候提前进行阅读，从而保证最大限度地了解客户。或许这就是他成为保险公司销售冠军的原因。

对客户信息的全面了解，能够在细微处了解客户的内心动向，从而避免销售过程中出现言行的失误，导致最终销售结果的不理想。当然，对于客户信息的收集也是需要付出很多心力和脑力的，也并不是所有了解到的信息都是可靠的，这要求我们能够分辨客户信息，把握住关键的客户信息，从而实现高效营销。

了解并掌握客户五要素

我们想要最大限度的了解客户的信息，自然就要先与客户建立信任关系，只有客户信任我们了，我们才能够了解客户的思想动态，我们了解得越是透彻，越能满足客户的要求，客户就越是会信任我们。久而久之，我们与客户之间的隔阂就会消除，我们也就成为了客户的合作伙伴。那么，我们不妨从以下五个方面来了解客户。

1. 客户面临什么商机，所处竞争环境究竟如何

销售人员了解客户所处的竞争环境，便是发现潜在商机的最好的出发点，这能够帮助我们提高客户的竞争力。比如，客户所处的布展行业竞争十分激烈，他需要通过引进先进的布展项目来扩充自己的企业知名度，那么销售先进展现技术的业务员，完全可以利用这一点进行产品推销。

如果我们不了解客户想要解决什么实际的问题，不知道客户的竞争环境如何，自然客户也不会对你的销售策略感兴趣。

2. 谁是客户的客户，谁是客户的竞争对手

所谓知己知彼，百战不殆。做销售这行，我们不仅要明白自己的竞争对手是谁，自己的客户是谁，更应该了解客户的客户是谁，客户的竞争对手是谁。比如，杜邦公司向保洁公司供应原料，保洁公司向沃尔玛提供产品，沃尔玛最终的客户便是广大的消费者。由此便形成了客户价值链条，当我们知道了在这个链条中的每一个关节，自然我们的销售会变得更有针对性。

可想而知，如果销售者不购买客户的产品，那么客户自然也不会购买我们的产品，这个链条如同食物链，每个连接点都是息息相关的。因此，当我们了解了客户的客户是谁，客户的"敌人"是谁，我们便能够帮助客户抓住客户、打击"敌人"，客户自然会十分感激我们，更加信任我们的产品，最终成为我们忠实的客户群体。

3. 了解客户的决策过程

在不同的企业里，其决策者是不同的。因此，只有了解了客户的决策过程，我们才能够知道谁对我们的产品买单，谁直接决定了是否购买我们

的产品，很多时候，我们的产品不是针对某一个人的，而是针对一个企业、一个团体、一个家庭的。因此，抓住直接决策的人，才能够帮助我们实现销售成功。

4. 了解客户的企业文化

当我们面临的客户是某个企业时，我们就要了解客户所处的企业文化和价值观是什么，这看似与我们的销售没有直接的联系，但是却会影响到我们的销售是否能够成功。比如，当客户的企业崇尚质量时，他肯定会遵从企业的文化，选择质量好的产品。

5. 了解客户的企业目标和重点工作是什么

在任何一家企业中，其指定的目标都会影响到他们对产品和服务的选择。同样，在企业不同的发展阶段，其重点工作也是不同的。因此当我们了解了客户的目标与重点工作，我们在销售过程中，也就变得更加有针对性和方向性。

销售需要投入一定的精力和时间，而当我们了解了客户，掌握全面的客户信息之后，我们的销售会变得高效。当然，这就需要我们全面了解客户以及了解客户的客户。因此，优秀的销售人员善于搜集有价值的客户信息，从而运用到销售过程中，最终高效吸引客户，实现销售的目的。

性格色彩学，快速匹配关键客户

蓝色外冷内热恰似热水瓶的特性，与红色外热内热的汤婆子性格形成了鲜明的对比。

——"FPA 性格色彩"创始人乐嘉

了解性格色彩学分析法

什么是性格色彩学？这也就是将人们的性格分为红色、蓝色、黄色、绿色四种颜色。不同颜色代表不同的性格特点，当然，每个人的性格都是复杂的，因此一个人也不可能只拥有一个色彩的性格，四种颜色的综合才是对性格最完整的描述，而每个人多半会有一种或两种色彩为主导地位。这种性格色彩学系统能够帮助人们解决来自生活、婚姻、家庭、工作等方面的人际交往的问题。当然，作为销售人员，我们更应该学会这种性格分析，从而对关键客户的性格进行分析，了解客户的喜好，从而找到适合客户的营销方式，最终实现快速营销的目的。

在实际的销售过程中，我们会遇到各种各样的客户，无论是性格内向还是性格外向的，或者是性格暴躁的，无论我们遇到什么样性格的客户，要知道我们的目的是为了让客户接受我们的产品，因此，在销售的过程中，我们不妨学习一些性格分析的方法，从而帮助我们了解客户的性格，避免在与客户交往中，触犯客户性格上的"禁忌"，从而错失订单。

茉莉亚是一家床品店的销售员，每天来店里的客人有很多，但多半是女士，毕竟大部分家庭都是女士负责购买床上用品。

这天早上，店铺刚刚开门，店里就来了一位男士客人。男士走进店里，看到茉莉亚直接问道："请问单人床单被罩在哪个区域摆放？"

茉莉亚带领男士到达摆放区域，男士直接问茉莉亚哪款柔软舒服？茉莉亚知道男士是给其他人购买的，因为男士很少购买床上用品，所以不知道面料好与坏，再加上早起来购买，肯定是不愿意让别的女性客人看到。

茉莉亚主动询问男士客人是打算给女士买还是男士？通过这位客户的回答，茉莉亚了解到，他是给女儿购买入学使用的床上用品，因为妻子出差在外，所以他只好亲自来店里选购。于是，茉莉亚选择了一款女孩子喜欢的图案，选择棉布料子的床上用品，推荐给了那位男士，该男士不假思索购买了产品。

通过上面的例子不难看出，销售人员了解了客户的需求和性格，有助于进行合适的话术和产品推荐，从而有助于进行下一步的销售。因此，分析客户的性格特点，这对我们进行销售是十分有帮助的。每个人都会有自己的喜好，这一点在进行产品选购的时候会表露出来，如果销售人员不能明白关键客户的性格喜好，自然不会推荐成功，也无法达到高效销售的目的。

性格色彩学匹配关键客户

每个客户的性格都不可能是单纯的一种颜色的性格形成的，但某一种颜色性格可能会占主导作用。因此，我们需要对以下四种颜色性格的客户进行了解。

1. 红色性格的客户

红色代表热情、奔放、张扬。因此，红色性格的客人多半会行为比较外向和大方，比如见到销售人员后，会主动地与销售人员打招呼，甚至是进行聊天，喜欢表现自己，以此吸引别人的注意。因此，针对红色性格的客人来讲，销售人员一定要学会主动赞美，在销售的过程中，我们可以夸赞对方比较细心、知识渊博等。这些夸赞和赞美，能够让这类客户变得比较活跃，更会产生购买的冲动。对于销售人员来讲，可以在客户情绪比较兴奋的时候鼓励客户买单，从而在最短的时间内完成销售。

2. 蓝色性格的客户

蓝色代表冷静、内敛、内向。蓝色性格的客人与红色性格的客人往往表现出相反的状态，他们追求完美，做事情也比较谨慎，在购买产品时，考虑得比较全面，不容易产生购买的冲动。不仅如此，蓝色性格的客人喜欢遵从固有的规律，不喜欢变化。同时，蓝色性格的人还有多愁善感的特点，希望别人能够理解自己。针对蓝色性格客户的高冷、严谨的特点，销售人员在介绍产品的时候，要尽量全面细致地进行介绍，不要让客户感觉到疑惑或者是不够完美，否则会影响到接下来的交易。当然，蓝色性格客户比较认真，对于细节也是十分重视的，甚至在购买的时候会表现出犹豫不决。对此，销售人员可以通过观察蓝色性格顾客的表情和动作，来获得他们思想动态。当然，在销售的时候，一定要坚定自己的立场，帮助蓝色性格的顾客拿定主意。

3. 黄色性格的客户

黄色代表直爽、果断坚定。对于黄色性格的客户来讲，不仅性格方面表现得比较强势，而且做事情也喜欢直来直去，可谓是雷厉风行；在和别人交谈的过程中，不喜欢拐弯抹角，喜欢直来直去。这类客户不喜欢暴露自己的内心，因此销售人员在面对这类客户时，在介绍产品与服务时，可以单刀直入地进行内容介绍，可以将价格直接提供给客户。在对产品性能分析和介绍时，要简单明了，不要有太多的修饰。面对此类客户，销售人员在与其出现认知相左时，要学会示弱，或者说是退让，不要与他争一时口头之快。

4. 绿色性格的客户

绿色性格的客户喜欢安静，性格平和，这类人一般不发脾气，但是也有敏感的时候。这类客户往往不喜欢人多热闹的地方，而且他们不懂得拒绝热情的销售人员。针对绿色性格的客户，销售人员可以主动地与客户进行交谈，甚至主动帮助他拿定主意，将产品推销给他们。

在了解色彩性格学之后，我们可以对关键因素进行分析，从而保证在与之沟通和交往过程中，避免让对方产生厌烦或者是拒绝的心态。作为销售人员，只有了解了客户的心理变化和性格特征，才能选择合适的营销话术和方式，实现产品的宣传和推销。

以客户需求为出发点，定制营销策略

营销的宗旨是发现并满足需求。

——经济学教授菲利普·科特勒

以客户为中心的营销思路

随着市场透明度的不断提高，企业之间的竞争可以说已经进入白热化，在此背景下，我们必须将销售的重心转向客户，从真正意义上树立以客户为中心的市场营销理念。

企业作为市场营销的主载体和发起者，需要明白我们制定营销策略的目的是什么？我们的目的便是为了能够吸引客户的眼球，在激烈的竞争中，夺得一席之地，从而拥有广泛的客户群，实现产品的销售和推广。那么在这个目的中，不难看出，客户是我们始终围绕的主体，我们使用任何的营销手段，都是为了能够满足客户的需求，让客户认可我们的产品。因此，营销策略围绕的是客户，客户必然是营销策略制定的核心和中心。

有一位香港老板，他因为经营外贸生意，一年竟然亏损了1000万元，相当于倾家荡产。但是他却用了一年的时间，将亏损的钱赚了回来。很多人好奇，不知道他在干什么，后来朋友问起，他才说了实话。

他说自己在卖鸡蛋，一年赚了1000万元，朋友们听了都以为他在开玩笑，要知道卖鸡蛋怎么可能赚那么多？

原来他在台湾一个温泉景点卖"温泉蛋"，他每天都会拉一车的熟鸡蛋到景点，温泉蛋有保健、养生的功效，味道也很香。每天来这里泡温泉的游人有很多，自然买鸡蛋的人也少不了。但是朋友们依然很好奇，一个人最多买两三个吃，那也不可能一年赚1000万元？

这位香港老板对来这里的顾客进行了分析，发现来这里旅游的多半是外地人，甚至是外国人，他们自然不方便坐飞机带这些鸡蛋，于是，他就推出了买两盒以上包快递的服务。两盒20个鸡蛋，总共68元，这样人们外出旅游还能够带一些礼物回去，关键还不贵，最重要的是自己旅游回到家，礼物也已经到家了。到家之后可以将鸡蛋送给亲朋好友品尝，味道自然也不错。

这位香港老板对客人进行了分析，因此，每天购买鸡蛋的人都排着长队，只见人们付款之后，登记收货地址和手机号之后，便不用再操心鸡蛋如何带回家的问题了。

通过这个例子不难看出，这位香港老板之所以能够将看似普普通通的鸡蛋卖出去，很大程度上要归功于他对客户的分析。他发现客户都是外地人，快递鸡蛋可以帮客户减少出行的累赘，再加上现在人们都渴望养生，而"温泉蛋"正是满足了客户的养生需求。因此，对客户进行分析，将客户放在营销策略制定的中心位置，我们才能够找到适合客户的营销策略，并让自己的营销策略达到预期的效果，最终实现营销的目的。

全面剖析客户，定制营销策略

对客户的分析要求全面，这样才能保证自己制定的营销策略适合客户的需求。作为一名合格的营销人员，能够了解自己的客户、正确地分析客户，是最基本的职业素养。如果我们不了解自己的客户群体，对客户无法做出正确的分析，那么自然无法制定出科学、有针对性的营销策略。

1. 分析客户需求是什么

不同的客户可能对产品的需求有所不同，比如拿一本书来讲，对于老师来讲，他购买这本书可能是为了将书中有用的知识教授给自己的学生。而对于学生来讲，购买这本书可能出于兴趣爱好，或者是为了提升自己的眼界。可见，对于这本书来讲，老师和学生都是他的客户群体，但是面对这两种客户，其需求点也是不同的，需求点不同，制定出来的销售策略也应该有所不同。所以，作为销售人员，我们要分析客户的需求点是什么，只有了解了客户的需求，才能制定出适合客户的营销策略。

2. 分析客户价值

客户价值是制定营销策略的出发点，这点是毋庸置疑的，那么什么是客户价值？简单来讲，就是客户从购买产品中获得收益减去客户所付出的金钱或代价，最终客户所得到的东西。客户一旦有了购买的欲望，那么便产生了需求，而需求的产生并不是直接导致客户购买的因素，而是客户在产生需求之后，会对产品进行分析，从而在内心产生得失的衡量。最终决定是否去购买产品。那么，在这个过程中，我们要做的就是要学会去分析客户的价值，从客户内心所"得"去制定营销策略，从而在营销过程中占有主动权。

3. 分析营销策略的可行性

我们在对营销策略进行分析之后，自然应该分析如何将营销策略进行很好的实施。如果我们的营销策略十分精彩和全面，但是却因为客观因素无法实施，那么营销也不会成功。因此，建立的营销策略应该具有客观可操作性，这样才能真正意义上实现销售。

对于销售人员来讲，客户是我们进行一切活动的中心因素。因此，我们要制定可行的营销策略，都应该以客户为出发点，站在客户的角度去思考问题，从而掌握客户的需求，制定出可行的营销策略，从而实现极好的营销结果。

营销策略即是营销计划，也是营销技巧的一种组合与展现。因此，我们要掌握多种营销技巧或策略，这是销售人员必备的职业技能。因此，以客户为中心的营销策略是我们展现职业素养的一种外在体现，这种体现不仅能够帮助我们实现销售，还能够让客户对我们产生信赖，愿意成为我们的忠实客户群体。

用"快闪"型营销吸引客户

一家企业只有两个基本职能，创新和营销。

——现代营销集大成者菲利普·科特勒

什么是"快闪"型营销

什么是快闪？其实它是"快闪影片"或"快闪行动"的简称，是最新流行开的一种嬉皮行为，被看作是一种短暂的行为艺术。简单地说就是，很多人用网络或者是其他方式，在某个特定的地方，做出一些出乎意料的歌舞行为，然后再迅速地离开、散开。了解了什么是快闪，那么就不难理解什么是快闪型营销了，其实就是用一种出乎意料的营销方式，在瞬间达到吸引客户群的效果，从而达到高效营销的目的。

在当今互联网时代，人们通过一些视频软件、社交网络等了解讯息，信息的传播也变得十分地迅速。传播渠道也十分广泛。营销的方式也变得十分多样，因此，作为优秀的营销人员，完全可以利用互联网等途径，进行营销方略的制定，从而达到高效聚集"人气"的目的，从而吸引消费者的关注。

某国产汽车品牌研发上市一款新车，销售部门想要利用十一假期做推广宣传活动。按照以往的习惯，会将新车摆放在商场，进行展示宣传。而这次，他们选择在城市中心位置进行不一样的宣传。

销售部门将20辆新车开到城市中心活动广场，然后围绕广场开始行驶。广场人流较多，行驶较慢，这也正是吸引了广场附近的人们过来围观。在围绕行驶广场20圈之后，20辆新车又被开回指定4S店，从而吸引了沿路观看的人们。一时之间，这座城市都知道了某品牌出了一款新车。

对于销售人员来讲，做任何的销售策划都是为了能够达到宣传产品的目的，那么这种出乎意料且标新立异的宣传方式往往能够得到客户的关注。

"快闪"型营销的实施注意事项

我们要想在最短的时间内抓住客户的眼球，那么必然需要利用一些途径进行营销活动的推广。在当今社会，竞争越发激烈，各行各业都在费尽心机的利用各种途径来进行营销。那么，作为一名合格的销售人员，想要利用"快闪"型营销的方式来吸引客户的注意，抓住客户群体，就必须要了解以下几种实施途径。

1. 找到快闪与营销品牌的契合点

很多销售想要利用流行的传播方式来进行营销推广，这种思想是没错的，可是并不是所有品牌的产品都适合运用这种方式进行宣传。"快闪"型营销是一种快速传播、具有时间性约束的宣传方式。因此，要知道自己所销售的产品与这种营销方式是否有契合点，否则会导致消耗成本，却起不到很好的销售效果。

2. 选择正确传播与宣传平台

在当今社会，视频软件等类似的产品十分多样，作为营销人员，应该能够分辨出哪些宣传平台适合自己的产品进行营销推广，哪些平台宣传效果不佳，不利于投入过多的精力。比如，某服装品牌为了达到宣传的效果，他们将公司所有的员工组织起来，穿上公司新发布的一款卫衣，跳起了骑马舞，这种阵容足以吸引人们的关注，但是他们却选择在一款不知名的视频软件上进行直播，其关注度自然会很低。

3. "快闪"型营销需要结合其他的营销方式，其效果才会更加

单纯一种营销方式可能传达出的销售效果不会太好，那么在利用"快闪"型营销方式时，不妨大胆地结合其他营销方式。比如，运用网络宣传，利用节假日的营销手段，等等。"快闪"型营销主要强调的是在短时间内达到吸引客户眼球的效果，那么在吸引消费者之后，需要借助其他的营销手段来让客户主动买单，这才是我们进行营销的目的。

4. "快闪"型营销方式的实施要具有一定的可行性

在现实生活中，营销方式可能会收到一些外在条件的限制，因此，在制定营销方式的时候，一定要考虑到可行性。比如，北京一家餐馆为了宣传一种口味的汉堡，组织30名店员穿上店里的统一服装，在地铁上每人手拿汉堡，品尝新口味汉堡，目的是为了达到吸引消费者眼球的作用，这场"快闪"型营销方式设计的很好，但是在实施的时候，他们忘记了北京地铁人流较大，尤其是上下班时间，在实施过程中，人流冲散了30名店员，他们没能够进入同一车厢，在车厢里的人太多，根本没有空隙吃汉堡，最终这次营销没能够起到相应的营销作用。

作为营销人员，需要做的就是利用多种多样的销售方式来吸引客户的眼球，而这并非是最终的目的，最终的目的自然是将产品销售出去。那么，"快闪"型营销能够起到在短时间内，吸引客户眼球的作用，所以作为销售人员不妨尝试运用这种营销方式，从而达到销售产品的目的。

让内容有效传播，提高获客与转化率

企业应该从市场驱动型转变为驱动市场型。

——现代营销集大成者菲利普·科特勒

内容营销提高获客

销售的方式有很多，而内容营销已经成为各大企业争相采用的一种营销方式。那么究竟什么是内容营销呢？所谓内容营销，就是指通过用图片、文字、动画等介质，来对企业的相关信息进行传达，提升客户的消费信心，促进销售行为的达成。而传达的内容所依附的载体也是多样的，比如企业的广告、画册、宣传单页等。当然，不同的介质所传递的内容也有所不同，但是要知道宣传的核心是什么，核心内容必须是一致的、相同方向的。

在当今社会，许多企业十分擅长利用内容进行营销，尤其是利用网络技术，在视频、音频等介质中呈现内容，这样做更能吸引目标客户的注意力。当然，如果给到客户的都是一些空洞的内容，甚至是抄袭的内容，客户也会十分反感，进而达不到销售的目的和效果。总而言之，要实现内容营销，需要定准传播的内容，找准传播的途径和媒介，从而达到内容有效传播。只有这样，内容营销才能够帮助企业达到"思想领导"的角色，扎实地提高产品品牌的忠诚度和黏度，当客户接受的信息来源愈加广泛，他们愈是会货比三家，最终更能彰显营销的重要性。

曾经有一则广告风靡一时，即将 iPhone 搅到果汁机里，最终将 iPhone 搅成一团黑糊，这则广告之后，Blendtec 执行长透露，Blendtec 的业绩足足翻长了七倍。要知道，在这则广告爆红之前，没有人知道 Blendtec 是怎样的一个企业，要知道 Blendtec 只是一间小小的果汁机制造商，在同行业中，竞争力并不足，后来通过这则广告，这家企业被誉为"全球有史以来最有效的病毒影片营销"，而随着那则广告风靡一时的还有那句"它会被绞碎吗？"，这则人人上口的广告语，为它的果汁机制造了非常大的利润，同时也吸引了全球一亿人的目光。

以上这个例子便是内容营销的一个成功的案例，企业运用广告内容来进行产品的推广与宣传，能够瞬间吸引客户的目光，同时还能够增加客户对产品的印象。因此，销售人员不妨借助内容营销的力量，提升客户的转化率，达到扩大客户群体的目的。

如何有效传播内容，提升客户转化率

1. 自己要了解内容信息

作为企业的销售人员，传播的内容无论是来自内部还是外部，这些关于产品或者品牌的信息，都是我们必须要了解的。我们可以通过自问自答的方式来牢记这些信息，只有这样，才能避免客户在询问时，我们不知道如何回答。

2. 内容变得有价值、有干货

在对内容进行宣传的过程中，客户需要内容信息对自己产生价值，这点是毋庸置疑的。因此，我们提供的内容信息一定要能够帮助客户解决问题，有干货，禁忌浮夸的内容或者抄袭的内容。我们需要采取一些针对性的方法，

比如，可以研究一下竞争对手在向客户传达什么信息，然后我们通过更为接近客户群体的方式来对信息进行传播，从而获得客户与品牌之间的一些信息和数据。这些都能让我们获取的信息更为客观和有价值，传达给客户的信息也是有价值和适用性比较强的。

3. 重视内容的交付

一旦已经确定客户群体，就要了解我们所传达的信息是否能够满足客户群体的需求。此时，我们需要明确客户如何使用这些信息和内容，比如，如果我们希望提升客户对品牌的认知度，那么我们可以传播一些品牌故事；如果想通过内容营销促进客户的转化，那么就要将内容定位在客户转化上，并附以联系方式。因此，我们确定的内容要和我们所要达到的传播效果是一致的，只有这样，我们才能够实现内容有效传播，从而实现销售的目的。

4. 选择最为合适的平台或媒介进行内容发布

在选择内容传播的媒介或平台之前，我们要先了解目标手中在哪些渠道中聚集着、活跃着，然后再集中精力在渠道中曝光自己的内容。当然，有的时候我们所了解到的客户聚集平台不一定正确，如果我们无法找到合适的平台，那么就要多做尝试。最终，选择传播效果最好的平台进行主力宣传，从而达到内容传播的效果。

5. 作进一步的内容助推

如果我们顺利的为客户提供了定制化的正确内容信息，并且得到了有效的传播，获得了收益之后，我们不能仅仅满足于此，更应该为内容传播做好助推工作。比如我们可以找到一些其他的媒体平台，在其他媒体平台上做宣传，增加曝光的机会，只有这样，才能延伸我们的内容营销，从而实现高效传播，吸收更多的受众。

6.优化内容传播的成果。我们已经对定制的内容进行了有效传播，并吸引了客户的注意力，此时，就要进行下一步的工作，即对客户进行转化，将新客户转化为老客户，将老客户转化为永久客户，等等。这种持续的传播运作是必不可少的，也是维护产品销售额的基础。

营销的手段有很多，途径也很丰富。作为合格的销售人员，会结合对内容的有效传播来进行产品推广和获客。很多时候客户是需要转化的，而内容营销便是客户转化的一种不错的方式。运用得当的内容营销不但能够降低宣传成本，还能达到"以小博大"的营销效果。

集客式营销，让用户主动找到你

客户最关心的是质量、服务和价值。

——现代营销集大成者菲利普·科特勒

认知集客式营销体系

集客营销又被称之为 inbound marketing，这是一套完整的全渠道数字营销方法体系。这种营销方式区别于传统的营销策略，它不是一种守株待兔的营销策略，而是要求企业透过各种不同的渠道和平台，做到分众营销和精准网络营销。

我们见惯了也用惯了上门推销、电话营销、广告营销这些传统的推播式营销方法，那么我们要如何正确地接触客户，并按照自己的意愿向客户展示我们的产品价值呢？答案便是集客式营销，这种营销方式的目的不是让我们围着客户跑、围着客户转，而是让想办法吸引客户，让客户主动地来找我们。

在推销过程中，我们希望能够得到客户对产品的认可，那么运用集客式营销，如何才能达到自己想要实现的目的呢？这取决于 SEO 这个决定性因素。SEO 指的就是通过搜索引擎来寻找我们的内容，即客户能够很快地找到我们提供的宣传内容或产品。先入客户眼帘的内容与产品往往能够抢占先机。

北海道的冬季总是漫天雪花，李忠义早晨醒来，端起了新鲜的北海道牛奶，走到酒店屋顶的露天温泉，享受着白雪皑皑中的暖意。李忠义感慨为何从自己决定旅游到开始享受旅游，一路上却没有接到一个骚扰电话或者是垃圾短信，似乎这一切都出于自己的选择。事实上，当李忠义上了飞机之后，飞机降落到机场的那一瞬间，北海道观光局就已经根据他的签证信息，为其确认了旅游的重点项目，为其设计了不同的消费选择和营销方案，并经由各商家一步步达成营销。李忠义手中的牛奶、所住的酒店、泡的温泉，等等，都看似是他自由选择的结果，其实是商家主动提供信息的营销手段。这便是集客式营销的高明之处，在客户自由选择的条件下，达成营销的目的。

集客营销专注于如何巧妙地被客户发现。这种营销方式是不遗余力地以客户为中心，站在客户的角度思考问题，帮助客户决绝想要解决的问题。试想一下，一种是打扰客户的销售方法，一种是让客户自由选择，根据自己的需要找到解决问题的办法的销售方式，客户会更加喜欢哪一种呢？我想应该是后者。因为很多时候，客户希望在不被打扰的情况下，做出“自己的选择”，而客户看似是自己的选择，其实也是我们进行营销的结果，因为我们对内容的输出会影响到客户做出选择，这就是集客式营销的高明之处。

了解集客式营销的四个阶段

运用集客式营销的目的是为了通过内容的有效传播，让客户主动地来搜索我们的产品或者服务，在这个过程中，我们需要避免用惯性思维思考问题，同样也要避免出现一些错误的信息传播。因此，我们不妨对集客式营销的流程进行了解，掌握集客式营销的四个阶段。

1. 吸引客户阶段

在吸引客户阶段，此时的客户还不能称之为客户，可能是陌生者、潜在客户，甚至是不定向的客户。此时，我们需要这些陌生人来到我们的站点或者是平台上，使他们成为我们宣传平台上的访客。当然，我们要利用各种媒体、平台来吸引这些"陌生人"的关注，比如企业博客、微博、社交媒体、微信公众号等。在这个阶段一定要注意传播内容的高效性和准确性，避免因为内容选择失误而导致准客户流失。

2. 转化客户阶段

当我们吸引了人群，这部分人群可以说就是我们的潜在客户或者是客户。此时，我们不能止步不前，要通过对新访客的信息收集、联络讯息的收集，等等，促成从访客到线索的转化。比如我们需要得到访客的电子信箱和联系方式，通过一些客户访问的回报来激发客户提供相关的信息。

3. 闭环阶段

进入闭环阶段，也就意味着我们了解了客户的最有价值的信息，我们可以转化站点访客为线索，并提供给客户相关的需求帮助，引导客户在自愿的前提下得到更多他们的信息。

4. 欢呼阶段

现在我们已经吸引了对你的产品或服务十分感兴趣的访客或者客户，此时，通过他们提供的信息我们已经能够将其转化为我们的客户或永久性客户。在关闭阶段，像电子邮件等这些工具可以帮助我们在正确的时间节点向适合的线索推进恰到好处的销售流程。

集客营销的关键是向我们的潜在客户提供有针对性的、为其所需的内容，无论他们是潜在客户还是客户，都应该得到我们的重视，而集客式营销能够准确的将潜在客户转化为准客户。正是由于这一点，现如今很多企业开始利用这种营销方式来达到自己扩大客户群体、树立企业形象的目的。

作为一个真正的集客式营销者，你应该明白哪些是正确的信息，哪些是不恰当的传播方式，从而达到吸引客户注意力的目的，最终实现客户主动进行产品询问、主动下单的目的。集客式营销并非是"无为"销售，而是一种让客户主动购买的营销方式，在运用这种营销方式的过程中，一定要注意内容的输出，只有有价值的内容输出，才能够赢得客户的目光，从而吸引客户主动付费。

定制化营销，满足每位顾客的特定需求

尊重个人，优质服务，追求卓越。

——国际商用机器公司 IBM

定制化营销的服务理念

定制化营销又被称为"个性化营销"，企业在大规模生产的基础上，将市场进行细分，把每一位客户都看作一个单独的细分体，再根据个人的特定需求进行市场营销，从而满足每一位客户的需求的营销方式。近些年来，定制化营销越来越受到消费群体的热爱，这种营销与以往的手工定做不同，定制营销是在简单的大规模生产不能满足客户的多样化需求下所提出来的，这种营销方法的特点便是根据顾客的特殊要求来进行产品生产。

在进行定制营销的时候，企业要根据自身产品特点和客户的需求情况，选择正确的定制营销方式，从而取得时间的优势。定制化营销需要建立在与客户的沟通基础之上，只有在与客户进行有效沟通之后，才能够确保自己的定制营销的准确性与成功。

国内某家具生产品牌在经历了市场占有率大幅度下滑之后，决定开辟另一条销售渠道，即定制服务。按照客户的要求上门测量家具尺寸，并根据客户的要求和意愿设计出符合客户要求的产品样式。在客户看过设计图之后，根据客户需求进行调整，最后客户确认，打造成品，再上门负责安装。一整套的服务下来，不仅能够体现出产品的整体效果，更能够建立与客户的联系，包办客户整套家具。这样一来，不但提升了销售量，减少了库存，更能够通过好的效果展示，吸引更多的客户来进行定制服务。

类似的定制服务还有很多，在现如今竞争激烈的市场经济下，越来越多的企业看到了私人订制的利润空间。比如某珠宝品牌接受一般客户的定制服务，只要与销售员对接好自己喜欢的产品样子与质地，销售人员会让设计师进行产品设计，客户在确认设计之后，便开始生产，从开始定制到产品到达客户手中，只需一周的时间。这样一来，既满足了客户对珠宝"独一无二"的个性需求，也能够减少商家的库存量，减少成本的挤压，回笼资金。

定制化营销已经成为企业抢占客户市场的一道杀手锏，当客户心甘情愿地将自己的意愿和要求表露给销售人员时，那么我们也就开始了为客户服务，为企业创造价值。

定制化营销的优势所在

定制化营销是一种现代化的营销方式，其站在经销商的角度来讲，即能够满足客户的需求，一切以客户为中心。以前粗放式的大规模生产已经无法满足人们的市场需求，以前市场上如果有 50 个顾客上门，有 20 个品牌在售。而现在的市场情况是仅仅有 50 个潜在客户，但市场上已经有 100 个品牌在销售了。因为所有的行业都开始细分市场，进行精准营销，提前为客户定制适合顾客需求的产品。

如果具体到经销商层面，我们不得不提到客户的满意度，这种"一对一"服务，自然要胜过"一对多"的服务方式，在定制销售过程中，还能够进行连带销售。比如，在给客户送洗衣机的时候，还可以向客户推销洗衣机底座，因为在销售的时候，客户没有看到产品，所以不知道有这种产品；而在定制化销售过程中，我们提供此项产品，客户是十分容易接受的。既然定制化销售有很多优势，我们不妨进行以下几方面的总结。

1. 能最大限度满足客户的个性化需求，从而提高企业的市场竞争力

比如最为典型的案例是海尔集团推出的"定制冰箱"服务，可以根据客户对冰箱的不同功能需求，定制不同尺寸的冰箱。

2. 以销定产，从而减少企业的库存积压。最大限度的帮助企业及时回笼资金，减少企业的运用风险

在当今社会，很多企业都面临产品库存积压的问题，产品积压势必会占用大量的生产成本，这不仅阻碍了企业对新项目的研发与开拓，更不利于持续化经营，增加了企业的风险。而定制化服务，从某种程度上来讲，就是去库存的一种表现，甚至是无库存的营销方式。客户需要什么，企业就生产什么，在满足了客户的产品需求之后，资金也得到了回笼，这对企业的正常运转是十分有利的，同时也减少了社会资源的浪费。

3. 有利于促进企业的不断发展和创新，创新是企业永葆活力的基石

创新不是一个口号，它必须与市场和顾客的需求紧密结合起来，否则创新则没有实际的意义。在传统的营销模式中，企业的研发人员多是通过市场调查来挖掘市场需求，从而抢占先机。而这种市场调查具有一定的制约性和不合理性，定制化营销能够实实在在地从客户中了解到市场需求，准确捕捉市场发展规律，从而很容易让研究人员掌握市场动态，避免调研出现失误。

在定制化营销过程中，客户可以直接参与到产品的生产和设计过程中，

企业也能够改进产品，实现在技术上的创新。而对销售人员来讲，不仅与客户之间建立了频繁的联系，沟通了感情，更能够让老客户带新客户，从而提升了我们的营销效率，节约了营销成本。

新形势、新零售要求我们细分市场，对客户进行全面的分析与服务，这就促生了定制化营销的兴起。在当今社会，人们追求个性化、独有化，这更是定制化营销所能畅行的关键点。因此，我们在进行销售的过程中，不妨运用定制化销售的优势，针对不同的客户，根据产品的特点，对客户进行定制化营销，从而促进产品的高效销售。

精细化服务，是留住客户的利器

企业未来的竞争，就是细节的竞争。

——西方"商业教皇"布鲁诺蒂茨

服务客户，从细节着手

精细化服务，也被称作人性化服务，是一种真正做到以客户为中心的服务理念。在精细化服务中，站在核心位置的则是"细节"二字，无论是从事哪个行业，都需要从细微处着手，对于销售来讲，也是如此。

在当今社会竞争如此激烈，只有从细节着手，照顾到客户的每一分情绪，我们才能够最大限度地把握住客户。当然，从细节处服务客户，需要销售人员付出更多的精力和体力。

张国平夫妇在菜市场租了一个摊位，因为夫妻两个人文化水平不高，所以他们以前主要是干体力活来谋生。在给别人打工了三年之后，张国平夫妇决定在菜市场卖羊肉。

张国平夫妇为人诚恳，选择的羊肉新鲜度很高，因此，很多顾客光顾。不久之后，张国平发现一个问题，凡是在他这里买完羊肉的客人，多半都会到不远处的蔬菜摊位上购买白萝卜或者生姜。

张国平突然脑洞大开，只要是在他这里购买羊肉的客人，他都会或多或少地赠送客人白萝卜或者生姜。也正因为如此，来张国平摊位上购买羊肉的人越来越多了，他的生意自然也越来越红火。

对于张国平来讲，他虽然只是随手赠送客户一些廉价的蔬菜，但是却能够吸引更多的客户来购买自己的产品，这就是以细小处搞促销。

在北京的一条大街上开了 5 家眼镜店，其中一家的生意十分红火，只有走进的人才会发现，原来这家眼镜店有一项服务：凡是进店的顾客，都可免费清洗眼镜，并赠送一块眼镜布。这样一来，本不打算购买眼镜的人来这家店里清洗眼镜，再看到精美的眼镜，也会心动地进行购买。

通过以上的案例不难看出，在进行营销的时候，从细微处进行着手的服务往往能够给我们带来惊人的利润。可见，精细化服务能够促进销售的进行，也能够让我们的营销变得更加顺畅。

精细化服务操作原则

精细化服务强调的是以客户为中心，让客户成为赢家，让客户感受到自己是实实在在的得到了实惠。因此，无论是在制定服务方案还是在服务的过程中，销售人员可以从以下几方面进行操作。

1.要学会尊重、尊敬客户

很多时候，客户需要的仅仅是得到尊重，比如当我们站在店里，无论是穿着华贵还是朴素的客户，我们都应该保持一颗平等对待的心，热情、友好地向对方介绍产品。当客户在试用产品过程中，遇到疑惑不解的问题时，我们应该积极地做出回答和讲解，而不是表现出不耐烦。尊重客户，让客户感受到我们的友好，这有助于拉近与客户的关系，从而给客户留下好的印象，也有助于我们进行下一步的销售。

2.客户不同，所采取的服务方法和服务重点也不同学会区别对待客户，这样做是为了围绕客户进行全程化的服务，要知道精细化服务是全程服务的一种。因此，在这个过程中，我们需要全方位的了解客户，在我们了解客户之后，才能够做到全方位的服务客户，最终得到客户的认可，实现销售的目的。

3. 微笑服务，为客户着想

无论在什么时候，我们都应该将自己积极的情绪展现给客户，不要将不良的情绪传达给客户，因此要保持微笑。无论客户是否情绪消极，我们都应该微笑对待。当我们微笑地对待客户，客户内心会放下芥蒂，更愿意与我们进行交流，这样我们便能够了解真实的客户需求，展开更深一步的销售。当然，在销售的过程中，我们需要站在客户的角度进行思考，想客户所想，这样一来，客户才能更愿意接受我们的建议与产品，最终，让我们的销售变得更加顺畅。

4. 提高可信度

当销售人员在与客户进行沟通的时候，客户难免会心存戒备，而此时我们要做的就是要想办法打消客户的疑虑，同时，让客户相信我们，进而信任我们的产品或服务。因此，我们要提升自己的专业水准，高专业度成就高可信度，从而才能够让客户更加愿意与我们进行沟通。当然，当客户信任销售人员，进而会更加信任我们的产品或服务。

精细化服务就是做到无微不至的服务，不以小事而不为。精细化服务更加注重细枝末节，在细微处体现对客户的关心、关注。唯有如此，才能够打动客户，创造客户的忠诚。因此，在日常销售过程中，不妨多关注客户的情绪，尽量打消客户对我们的戒备心，与客户进行更好的沟通，最终实现高效销售。

　　精细化服务强调细节，但这并不意味着可以偏离销售的重心。销售人员一旦锁定了目标客户，就要全程保持细致化服务，不可给客户有松懈的感受。在服务客户的过程中，要让客户感受到我们对其重视和专注，这样能够加大客户对我们的好感，从而对我们的产品产生好的印象，从而提升销售的成功率。

第三章

销售自己：以专业赢得客户信赖

首因效应：价值百万的第一印象

推销的要点不是推销商品，而是推销自己。

——美国著名的推销员乔·吉拉德

第一印象关乎销售成败

首因效应指的是什么？它指的是个体在社会认知的过程中，通过"第一印象"最先输入的信息对自己见到的事物产生的影响作用。

通过研究发现，世界上的一流公司往往都十分重视销售人员的专业形象，他们不仅会对销售人员的外表进行包装，还会对优秀的销售人员进行培训。很多公司对销售人员的素质要求很高，比如惠普公司，会对应聘的销售人员进行多次面试，以保证录取的销售人员能够满足企业要求。对于很多客户来讲，他们会通过对销售人员的第一印象来判定是否要购买这个客户的产品。可想而知，第一印象是多么的重要。

电器销售员张晓雅身高170厘米，有一次，店里来了一位男士，身高只有160厘米左右。进店之后，张晓雅十分亲切地和对方打招呼。在全程销售过程中，张晓雅与对方的距离仅仅只有0.5米。虽然对方开始表现出浓厚的购买欲望，张晓雅也足够热情地向对方进行介绍产品，但是全程可以看出，客户的表情显得十分尴尬，最终客户没有购买产品。

张晓雅或许根本没有在意自己与客户身处的距离，也并不知道与客户保持适当的距离也是一种礼貌。但对于客户来讲，这种近距离的接触让他感受到的是压迫感。此时，这位客户根本没有心情听张晓雅的介绍，内心想的可能是如何逃离这种尴尬的境地。因此，在与客户接触时，要注意自己的言谈举止是否得当，是否有利于建立良好的第一印象。

销售人员进行产品推销，本身就是一个与他人进行社会接触和交往的过程。在这个过程中，销售者要知道自己代表的不仅仅是自己，更代表了企业与产品的形象。当客户看到我们的那一瞬间，想到的可能是我们的企业与产品。因此，优秀的销售人员十分重视自我形象与言谈举止，尤其是与客户在第一次接触的过程中，这些十分重要。

给客户留下良好的第一印象

在营销的过程中，销售人员应该尽量给客户留下好的第一印象，从而博得客户的好感与认可。客户对我们的认可，其实是可以进行转移的，逐渐地会转移到对产品的认可上。心理学家经过研究发现，由于第一印象的形成往往源于人类的外部特征，比如性别、衣着、姿势、面部表情等，所以在一般情况下，一个人的行为举止、言语谈吐都会在某种程度上反映出这个人的内在素养与其他个性特征，对方会对其做出最基本的判断和评论。因此，销售人员在初次见到客户时，一定要将自己最优秀、最好的一面展现出来，从而客户才会对你所宣传的产品产生好的印象。

心理学研究发现，当我们与一个人初次见面的时候，在最初的 45 秒内，便能够形成第一印象。不仅如此，这种最初的印象往往能够主导人类的意识和观念。如果销售人员给客户留下了不好的印象，在之后的销售过程中，客户的意识是很难进行纠正的，毕竟很少有人愿意花时间去进行了解、证实一个留给他不美好的第一印象的人。这样一来，对我们产品的销售自然是有害无益的。

第一印象不都是准确的，即便如此，它在人的情感中也是起着主导作用的。在销售过程中，销售人员可以利用这种效应，展示给客户一种比较好的形象，从而为接下来的销售工作打下良好的基础。那么，销售人员在与客户进行初次见面时，要注意哪些方面呢？

1. 衣着配饰。销售人员面见客户，自然第一个想到的就是自己的着装，而整洁干净是最基本的要求。不仅如此，要想给客户留下好的印象，就要做到服饰即时尚富有美感，又要恰当地体现出个性的风采，从而展现出自我的独特魅力。

2. 谈吐举止。销售人员与客户说话时，态度是客户首要感受到的，此时，我们要保持谦逊有礼，让客户感受到我们的职业素养。不仅如此，在说话的过程中，一定要吐字清晰，语速不可太快，也不可太慢，可谓做到态度不冷不热；爱批评、说大话、撒谎都是客户所不能接受的。除了自己的谈吐之外，也要注重自己的举止，除了举止文明之外，更要注意一些细微的动作，比如挠耳朵、耸肩、跷二郎腿都是不能有的。

3. 礼貌礼节。礼貌礼节表现的是一个人的内在文化与素养，同时也表现了一个人的精神面貌。作为销售人员，一言一行都要对公司的形象负责，聪明的客户会通过看销售人员的礼貌礼节来看企业的文化。当然，优秀的销售人员会将自身礼貌礼节的修养当做是提升自我的一个方向。

4. 气味。这是大多数销售人员都会忽略的一点，但却能够在一瞬间决定客户对我们的第一印象。尤其是在夏天，近距离接触的人能够闻到对方身上的味道，如果我们在与客户接触的时候，我们身上的味道不太好，自然客户会感到反感。很多销售人员会选择用一些香水,但是对于香水的使用,一定要注意香味千万不要过于刺鼻或者浓烈,否则客户也会觉得不适应。

销售人员在与客户第一次见面的时候,客户可能关注产品比较少,关注销售员本身比较多。因此,在与客户销售的过程中,我们要从各个方面着手,提升自身在客户心目中的印象,避免客户产生反感,提升销售成交的简单度。

从衣着入手，打造专业形象

顶尖的销售人员在进门的那一瞬间，就可分辨出来。

——推销训练大师汤姆·霍普斯金

打造专业形象的重要性

专业形象多指的是与自己所从事的行业与职业有关的一种外在形象的塑造。作为销售人员，要想让客户对我们产生信任，从而认可我们的产品，必然就需要对自身专业形象进行塑造。在我们与客户接触的过程中，很多时候，并不是客户不喜欢我们的产品，而是因为客户对我们所说、所做的不够认可或信任，说到底还是因为我们的专业度不够。

没有人会轻而易举地相信陌生人，也没有人会相信一个专业度不够的销售人员。在我们进行产品销售的过程中，客户首先面对的是销售人员，而绝非是我们的产品。因此，我们是否专业，能够影响到客户是否会对我们的产品产生好感。当然，优秀的销售人员会注重自身形象的塑造，尤其是自身专业度的塑造，从一个人的衣着便能够看出一个销售人员是否具有专业度。

小美是一家净化器企业的销售人员，在每次去见客户之前，她都会站在镜子前，仔细整理自己的衣服。无论春夏秋冬，只要是去见客户，她都会换上一身笔挺的正装，穿上白衬衫、黑皮鞋。除此之外，她还会将自己的衣服保持整洁与平整。

小美之所以这么注意自己的衣着，这要她从自己的一次销售经历说起。当时小美刚进入销售行业，本身没有销售经验。她为了达成业绩目标，每天都会拜访很多客户。一次，她去了一所学校，打算找负责学校事务的领导沟通净化器安装合作的事情。

当小美进了客户办公室以后，客户抬头看了看小美，然后说道："叫你们公司能做主的正规销售来，你一看就是一个试用的。"

小美感到很委屈地出了办公室门，回到公司，公司委派了另一位销售人员去见了这位学校领导，那位销售人员只去了一次，便将签约的合同拿了回来，而这位销售和小美从事销售工作几乎是同一个时间。小美内心一直十分好奇，自己究竟是哪儿做得不好，客户才会一见面便下了"逐客令"。

后来，通过与同事聊天。她才明白，原来客人看到小美穿着休闲外套、运动鞋，以为是一个临时工，所以不愿意与她浪费时间进行沟通。

从这件事情之后，小美每次去见客户都会穿上职业装、黑色高跟鞋，目的是让客户第一眼就知道自己是一位销售人员。

通过以上案例，不难看出，销售人员的着装直接影响其在客户心目中的形象，有的销售人员可能会觉得自己穿什么并不重要，只要产品好，只要客户需要，就能够让客户买单。然而，很多客户只有对销售人员产生信任之后，才会愿意与其进行产品的沟通。因此，销售人员有必要从衣着着手，打造自身的专业度。

如何通过着装塑造专业形象

俗话说的好"人靠衣服，马靠鞍。"穿衣打扮都是有讲究的，不同职业、不同场合，所选择的服饰也是有所不同的。对于销售人员来讲，要想让自己的衣服符合自己的专业形象，就应该选择正确的场合穿正确的衣服。我们不妨从以下几点进行专业形象的塑造。

1. 穿衣要适合你所处的时间

销售人员专业形象的塑造很重要的方面是通过自身衣着来体现的。当我们在上班时间与客户进行会面时，要穿正装，从而表现我们的专业度，比如男士穿西装、女士穿小西服职业裙等。而在休息时间或者是节假日，与客户进行非正式场合见面时，则可以穿得稍微休闲一些。

2. 穿着的服饰要与自己所处的场合吻合

如果我们代表的是公司的形象，那么要穿正装出席，如果参加舞会，听音乐会，可以穿休闲装或者礼服。

3. 着装要与客户身份相符合

我们作为销售人员，在我们面对不同客户时，一定要选择不同质地的服饰。当我们的客户是企业的领导者，那么职业装是最佳选择。如果我们面对的是一般的员工，自然可以选择一些质地舒服的服饰。

4. 销售人员要对职场的着装有所了解

职场的着装可以细分为：商务正装、商务休闲装、时尚休闲装。商务正装就是我们常见的整套的西装，上身和下身往往是同一种面料，商务正装则显得十分地庄重、保守、可信、权威。商务休闲装则稍微轻松一些，允许上下不一致。时尚休闲装则是简单随意的穿着。

销售人员需要塑造自我专业度，这样做的目的是为了减少客户与我们内心的隔阂，在最短的时间内，与客户建立熟识的关系，从而帮助我们与客户进行下一步的沟通。当然，通过衣着来塑造自身专业的形象，是一种外在形象的塑造，这对于我们日常与客户交往是必不可少的。

自我包装，你就是销售专家

要包装自己，使自己有一个好的形象，是不能缺少文化的滋润的。

——中国学者江曾培

自我包装的意义

懂得自我包装的人，往往能够在工作上取得一定的成绩。而相反，不懂得自我包装的人，可能拥有渊博的学识，也可能拥有过高的学问，但却无法达到自己想要的成绩。究其原因，我们不妨拿产品举例，如果我们产品的包装十分粗糙，即使里面的产品再怎么精致，客户也会认为这是廉价产品。同样的，如果销售人员不懂得包装自己，无论我们销售的产品如何物美价廉，客户也会觉得是价格昂贵的。因此，销售人员需要懂得自我包装的一些技巧，这样做能够帮助自己的销售变得事半功倍。

销售人员的自我包装，除了在外表上的一些包装之外，还需要注重一些内在方面的包装，比如我们的从业经历与经验等，客户喜欢与有经验的销售进行沟通，这是毋庸置疑的。因此，一个善于包装自己的销售人员，能够瞬间拉近与客户的距离，成为客户信赖的对象。

曾经有一位从海外留学回来的男士找到一位营销专家，他想向这位专家请教，为什么自己推销的产品价格低廉，质量上乘，但是却卖不出去？

这位营销专家问道："你销售的是什么产品？"

海归回答到："建材产品。"

"你的销售对象是大型国企还是民营企业？"营销专家继续问道。

"多半是一些中等规模的民企。"海归回答道。

"那我就明白你为什么销售不出去了。"营销专家继续说道，"大多数搞建材的民营企业老板多是一些低学历的人，比如包工头，他们性格比较粗放，做事情比较率直。而你与他们交往，你在中间就如同秀才一般，他们自然很不适应，不仅如此，他们不知道你推销的产品是不是真的像你说的那么实用。"

海归疑惑地问道："那我该怎么办？"

"很简单，两个办法。要么你放弃建材产品的销售，选择投身到高科技产品方面，在这方面想必你是内行。要么你对自己进行重新定位和包装，以建材行业专家或工程师的身份出现在民企老板们面前，他们肯定会将你视为同类，很乐意接受你推销的产品。"营销专家回答道。

听了营销专家的话，这位海归男放弃了现有的工作，成为了一家金融机构的理财顾问，不到半年的时间，他便拥有了大批量的客户群。

通过这个案例可以看出，对于自我的包装需要销售人员首先定位好自己的客户群体，针对客户群体进行自我形象的包装。只有这样，才能保证自己的销售过程更加地顺利。

自我包装的原则

销售人员在进行自我包装的时候，也并非是盲目而为之，一定要遵循原则。只有有原则的自我包装，才能够让我们在极短的时间内获得客户的认可。当然，自我包装并非是虚假包装，这一点必须要注意。我们进行自我包装是为了提升自己在客户面前的形象，而不是欺骗客户或者是隐瞒什么。

那么，我们在进行自我包装的时候，可以遵循以下几方面的原则。

1. 头衔的转化

很多时候，客户会通过我们的自我介绍或者是名片，了解我们的职务和头衔。为了增强客户对我们的信赖程度，我们不妨学会转化头衔的称呼。比如，将名片上的销售经理改成"营销顾问"，将"美容店销售员"改名为"美容机构咨询师"等，这种头衔的转化是为了提升自己的专业形象，从而让客户对我们产生信赖。

2. 用经验包装自己

在我们从事销售之前，可能还会有其他方面的有价值的工作经验，在与客户进行交谈的时候，这些有价值有意义的经验，也会成为我们进行自我包装的关键点。当然，并不是所有的人都拥有丰富的销售经验，但是我相信很多销售人员都会有一些培训经验，这些经验也能够成为提升我们资历的关键点。

3. 名誉荣誉来进行自我包装

我们在工作的过程中，可能会获得公司的一些荣誉，此时，在向客户进行自我介绍或者是与客户进行交谈的过程中，可以有意或者无心的将这些荣誉告知客户，这样做是为了加强客户对我们的信赖程度，减少客户的担心。

每个销售人员都希望能够减少与客户之间的隔阂，在沟通的过程中，加大彼此之间的信任。而进行自我包装就是最大程度地减少客户对我们的疑虑，从而缩短销售过程，迅速实现出单。因此，销售人员需要学会进行自我包装，实现营销的目的。

专业知识熟记于心的技巧

我认为知识是一切能力中最强的力量。

——希腊哲学家柏拉图

专业知识不仅仅是围绕产品的知识

"他是个很专业的销售人员"，如果客户在对我们进行评论时，能够这样说，那么证明我们在客户心目中的位置是其他销售人员无法动摇的，同样，如果我们得到了客户这样的赞赏，起码证明客户是信赖我们的。相信每个销售人员都想被客户评价为"专业"，但要真正掌握专业知识，则并不是一件容易的事情。

每个销售人员都想成为客户口中"有知识，有修养的专门的销售人员"，这种专业性势必包含自己所从事行业的专业知识。要知道每个行业有每个行业的知识空间，在不同的行业，销售人员所掌握的专业知识也是不同的。

一位销售人员去拜访一位市场部采购经理，希望将自己的产品推销给采购经理，当他来到采购部经理办公室，并表明了自己的来意之后，采购部经理看了看说道："采购什么样的产品，不仅仅是我们部门说了算，还需要先让设计部门进行选择，所以你先放在那边桌子上吧。"

采购部经理说完，低下头开始了自己的工作。销售人员按照采购经理所说，将自己的产品放到了对面的桌子上。不过他发现自己来的算是晚的了，桌子上已经摆放了六七个品牌的产品了。销售人员只好将自己手中的产品放到了桌子上，心想如果他转身离开，那么自己的产品可能会被淘汰。于是，他对其他品牌的产品进行了认真的观察。然后走过来跟采购经理说道："你好，王总，我刚刚看了一下那边桌子上所有品牌的产品。"

"哦！我还是那句话，需要设计部门先看看，所以你现在给我讲你们的产品也没有任何意义。"采购经理忙说道。

"是的，我知道您这边需要设计部门对外观进行把控，我只是想通过我对这类电子产品的了解，给您做一个分析，比如 A 品牌是属于国外品牌，产地在美国，在国内有代加工工厂，代加工工厂离我们这边也不远。B 品牌、C 品牌和 D 品牌属于国内品牌，当然也是行业内的大厂家生产的，质量也算有保证。其他的几个品牌我就不建议您选择了，因为都是小厂家生产的，原料也是进的小作坊的。"销售人员说道。

采购经理听了这位销售人员的讲述之后，说道："原来这么复杂啊！那拿过来你的产品，让我先看看吧。"

这位销售人员通过自己对产地的了解，成功建立了在客户心目中的专业形象，从而赢得了一次产品讲解的机会，起码在这一点上来讲，他是领先其他销售人员的。

作为销售人员，其实了解自己的公司的产品和所处的行业，这仅仅是最基础的一方面，要想能够在同类产品销售面前脱颖而出，则需要了解自己竞争对手的产品，这可谓是"知己知彼，百战不殆"。如果销售人员想要成为优秀的销售人员，就需要通过专业知识来提升自己的专业形象。

销售人员要掌握的专业知识

销售人员掌握了产品知识，这可谓是基本的职业素养。但是这并不意味着仅仅掌握这些知识就足够了。那么，作为销售人员，需要掌握哪些知识来提升自己的专业性呢？

1. 熟练掌握自己公司的产品和自己所处的行业形势

这是最基础的专业知识组成，也是划分客户是否面临的是专业的销售人员，还是专门忽悠客户的销售人员。

对于产品知识的了解，这一点是十分重要的，即便销售人员无法真正做到熟记于心，起码要能够对产品的性能等信息有一个全面的掌握。但专业性的知识难就难在还要掌握自己所从事的行业知识，这并不是一朝一夕所能够掌握的，这需要销售人员长时间将精力放到同行业内，因为行业知识包含的方面很多，不仅有对竞争产品的了解，更包含对行业发展趋势的了解。因此，在与客户进行交流的时候，很多行业信息能够帮助我们提升自己的专业性。

2. 了解客户销售的产品

当我们知道了客户销售什么产品，了解了客户所生产产品的等级与性能，才能够知道客户对其他产品的需求程度。不仅如此，在与客户进行交谈的时候，当客户说到自己企业所生产的产品时，才能更有话题。交谈起来，也才能更顺畅。

3. 了解客户的喜好，了解客户所感兴趣的行业知识

与客户沟通交往，自然要知道客户的喜好是什么，比如有些客户喜欢品茶、有些客户喜欢打篮球等。对于客户的这些爱好，我们没有必要投入太多的精力去了解，但起码在与客户进行交谈的时候，能够多少熟悉，多

少了解一些。这样做是为了能够缓和销售交流的气氛，让销售过程变得轻松，拉近与客户的距离，实现迅速出单。

销售是一门学问，既然是一门学问，则其内在的专业知识是必不可忽视的。我们需要提升自己的专业知识，从而在最短的时间内，得到客户的认可。让客户从内心认为我们是"专业性"很强的销售人员时，那么就表明客户对我们产生了信任和认可。一旦客户对我们产生认可，自然也会对我们所销售的产品产生认可。因此，在销售的过程中，需要我们尽量提升自己的专业知识素养，多了解同行业产品的相关知识，对所从事的行业的发展趋势进行了解。不仅如此，我们还需要了解客户所销售的产品与所从事的行业，从而扩大我们与客户的共同话题范围，这样做的目的便是为了以最大程度来给客户留下深刻的印象，提升自我专业度，最终顺利实现营销。

情感渲染，用热情打动客户

对每个推销人员来说，热情是无往不利的，当你用心灵、灵魂信赖你所推销的东西时，其他人必定也能感受得到。

——美国知名女企业家玫琳凯

热情对客的重要性

人是情感的动物，在日常生活中，行为和情绪自然会受到周围环境的影响，客户也不例外。在销售的过程中，我们需要面对那些感性的客户，如果我们能说一些打动客户的言语，激起客户的购买欲望，那么销售的成功几率无疑会大大提高。通过研究发现，与态度冷漠的销售员相比，热情、充满关爱的语气更容易触动客户的内心。

在销售过程中，一些能言善辩，向客户介绍产品时口若悬河的销售人员，却很大程度上得不到客户的认可，这主要是因为在销售的过程中，得不到客户的认可、四处碰壁，很大程度上是因为他们缺少情感的沟通。

我们不妨对以下两个情景进行对比。

情景一：

客户："我们现在还不需要你的产品。"

销售："理由是什么呢？"

客户："理由？总之我现在还用不着。"

销售:"那您的意思是,您现在用不着,这不表明以后用不到,对吧?"

销售员说的话咄咄逼人,终于将这位客户惹恼了:"跟你说话怎么那么费劲?"

情景二:

客户:"我们现在还不需要你的产品。"

销售:"看得出您现在很忙!有您这样的人持家,您的家人一定十分幸福!"

客户:"噢,谢谢!说实话我现在还用不到这样的产品。"

销售:"我了解了,我知道您是一位工作很投入的女性,有自己的企业,也是一位企业家。这让我十分地羡慕和崇拜。"

客户:"呵呵,哪里。我对你的产品还是挺感兴趣的,只是现在我觉得还不是合作的时候,等我的企业再引进生产线的时候,我一定会找你购买产品的。"

销售:"好,谢谢!这是我的名片。"

通过上面这两个场景,我们发现两个销售员所面临的是两个不同的销售结果,为什么会出现这样的情况呢?我们看到情景一中的销售人员,他可谓是能言善辩,说话让客户感觉到有一种被压制的感受。而情景二中的场景,主要是说了一些能够让客户动容的话,这些话获得了客户的认可,挽救了销售的局面。因此可见,在销售的过程中,销售员不要主观地认为自己的言语是合理的,要知道只有能够打开营销大门的话语和逻辑才是合理的,而这就离不开销售员的热情和富有情感的话语。成功的销售人员能够想客户所想,也能够忧客户之忧,尤其是对于那些感兴的客户,这种方法的效果很好。

用热情打动客户的方法

每个人的心中都会留有一片空地，专门为热情的人打开大门。销售人员更需要热情地对待客户，因为只有在热情对待客户的过程中，才能够让客户感受到来自于你的真诚，放下对你的戒备，接受你的建议，购买你的产品。销售员不是揭开情感心结的人，但是销售员必须是走进客户内心的人。因此，学会情感渲染，用热情打动客户，这是所有销售人员必备的素质。

那么，在销售中，销售员要如何用热情的话语打动客户呢？

1. 保持微笑

无论是面对客户还是亲朋好友，你的微笑总是能够换来对方好的态度。客户也喜欢与热情、开朗的销售员合作，因为客户认为，拥有热忱态度的销售员对待工作是热情积极的，自然也就能够给他们带来周到、积极的服务。

微笑是一种表情，也是一种态度，这种态度对我们进行任何活动都是有帮助的。热忱，是指一种精神状态，同时也是对工作的炙热情感。因此，作为销售人员，千万不要吝啬自己的微笑，要学会用真诚的微笑去感染客户，然后打动客户。

2. 态度要诚恳

在与客户沟通的过程中，客户很容易对我们产生戒备心，此时，我们要学会用诚恳的态度来与客户进行沟通，让客户感受到我们的诚实。因此，销售人员说话一定要做到恰如其分，从而符合双方的身份，不然，就会引起客户的反感。

3. 说话要柔和亲切

销售员在与客户交流过程中，亲切的话语往往是促单的法宝。因为亲切的话语能够让客户感受到我们的真诚和热情，从而对销售人员产生信任。

热情的语言也能够影响对方的态度。

4.理解客户，说话时以情动人

销售员完全可以以朋友的心态来面对每一位客户，在与客户沟通的过程中，要站在客户的角度进行思考，考虑客户的感受和利益点，从而倾听他们的想法。当然，并不是每一位客户都能够接受自己的产品，但是只要我们能够真诚地对待他们，自然可以获得他们的认可。

销售是需要与客户进行完美沟通的过程，而在这个过程中，并不是我们说的比客户多，说的比客户有理，客户就会认可我们的产品。在很多的时候，我们需要让客户感受到我们的热情，让客户被我们的热情所打动，这就离不开情感的渲染。一个优秀的销售人员，他们懂得用热情的话语来打动身边每一个人，因此，学会热情待客，这是销售人员必须具备的素质。

唯有自信，才能获得客户的信赖

先相信自己，然后别人才会相信你。

——法国思想家罗曼·罗兰

自信能够感染到客户

专家经过研究显示，有些人之所以缺乏自信，有的甚至是感到自卑，原因有很多，但有一点是非常肯定的：这种自卑情绪完全是后天形成的，与先天条件是无关的。因此，可以这么来说，是人们自己把自己搞得没了自信，从而影响了自己的成功和前途。

作为销售人员，我们每天都会与客户打交道，每天要面对形形色色的客户，可能会遇到客户的拒绝，也可能会有客户向我们抱怨，因此，很多销售人员可能会感到自卑，害怕听到客户的抱怨与职责而选择放弃与客户进行沟通，在销售工作中，变得被动、不积极。其实，无论什么行业，都会遇到困难与挫折，只要我们能够强大自我的内心，做到自信，那么困难也就不算是困难了。

对于销售人员来讲，我们需要以自信的状态面对客户，原因很简单，只有当客户感受到我们的自信时，才能够让客户更加信任我们。要知道，如果一个销售人员不够自信，那么传达给客户的感受一定是不够坚定，客户也会觉得我们专业度不够，自然对我们的产品也抱有怀疑态度。因此，我们要善于提升自己的自信心，从而给客户传达一种自信、坚定、积极地态度。

一家大规模的零部件制造工厂，因为效益很好，所以需要新招进一批销售员。在销售员试用期，需要销售经理进行评判工作是否合格，合格者才能继续被聘用。

一位刚从学校毕业的学生，他没有社会经验，同时对自己从事销售工作也不自信。经过两个月的试用，他对自己的工作还是有些担忧。此时，经理将其叫到办公室，然后对他说："我相信你是一位出色的销售人员。"紧接着，经理开始给他分配销售任务，而这位新销售员需要面对的第一个客户，便是经理嘴里说的一位"古怪老头"。这位客户是一家大型工厂的老板，脾气古怪，不高兴就会大声喊骂，高兴了便大声狂笑。经理告诉这位新销售员，无论这个老头对你是喊是骂，都不要太在意，只要你记住自己去拜访他的目的是什么就行了。并且只要告诉老头说："是的，先生，我明白了，我带了本地区最好的零部件样本来给您，我想这个零部件的质量和价格，您都会十分满意。"经理说完，便要求这位新销售员独自一人去见这位"古怪"老头。

这位年轻人心情忐忑地来到这位客户的办公室，还没等新销售员介绍完自己，老头开始大声说自己早上来到工厂发生的事情，气愤到口无遮拦，甚至还说了脏字，之后还问这位新销售员是否吃了早餐，来的路上是否堵车等等，但是只字未提关于零部件采购的事项。

年轻的新销售员想起了经理的话，便说道："是的，先生，我明白了。那么现在我带来了本地区最好的零部件样本来给您，我想这个零部件的质量和价格，您都会十分满意。"

经过半个小时的商谈，最终，年轻的销售员终于和这位客户签下了订单。

他的第一笔订单终于成功了，回到公司，他兴高采烈地去找到经理，经理说："你是我们中间最优秀的销售员，你知道吗？这个老头可是我们最难应付的客户。"

通过这个案例，不难发现，新销售人员为什么能够销售成功？其实很大一部分原因在于经理给予的自信心。如果销售人员没有保持自信，或许在听了客户生气的话语之后，便会仓皇而逃了。可见，在与客户沟通过程中，自信心是必不可少的因素，没有人愿意与一个畏首畏尾的人进行交流。在谈判桌上，销售人员想要获得成功，更需要充满自信的话语来感染客户。如果一个没有自信、漏洞百出的销售人员站在客户面前，客户肯定会怀疑他带来的产品的质量，自然不会愿意进行下一步的合作。

销售员自信心培养技巧

一名合格的销售员，总是能够给客户传达出自信满满的感受。当然，并不是所有的销售员都能拥有自信，这需要我们在日常生活中，有意识地对自己的自信心进行培养。

具体培养技巧如下。

1. 经常关注自己的优点和成就

如果我们在销售过程中，总是担心自己会失败，或者总是想到自己失败的经历，自然我们也就很难成功。我们必须要学会长自己的志气，而不是灭自己的威风。在从事各种活动的过程中，我们要多想想自己的优点，并且告诉自己想要完成的任务目标，这样我们便能够让自己信心百倍。

2. 多与自信的人接触和来往

在同行业中，我们身边不乏自信的人。因此，我们不妨多与这些人进行交往。专家经过研究发现，自信心是可以通过人与人的沟通进行相互传染的。

3. 进行自我心理暗示，不断对自己进行正面心理强化

作为销售人员，当我们遇到比较难缠的客户时，或者是遇到困难时，我们不妨告诉自己："我能行""我可以做好"等，这些积极地、具有正面效果的语言，能够提升我们的自信心。

4. 做好充分准备

在我们去面谈客户时，无论我们面对怎样的客户，都应该做好充足的准备，那么，与客户交谈时，必然较为自信，从而有利于顺利完成签单。一旦这次销售很成功，必会反过来增强整体自信心。

每个人无论做什么事情，都需要自信心作为内心最深层的支柱。尤其是销售人员，只有充满自信，才能够将自己的自信传递给客户，客户才会对我们的产品产生信赖，才会对我们的销售更加放心。因此，提升自我的自信心，让自己成为一位自信的销售员，这对于销售成功是十分重要的前提条件。

引导式发问，帮客户挖掘深层需求

销售专业中最重要的字就是"问"。

——美国首屈一指的个人成长权威人士博恩·崔西

了解客户的心思和需求

销售员与客户进行沟通，过程中离不开"问"。我们要通过问客户一些问题，来达到了解客户的目的。提问是一门艺术，要掌握好这门艺术并不是一件容易的事情。当然，要想在"问"的过程中，了解客户的心思和需求，这就要掌握一定的技巧。

在销售的过程中，人们经常会提到引导原理，这就是说销售员应当通过提问来了解客户的心思，引导客户说出他们的真实感受与想法意见，最终让销售员获得更多的信息和结果，并让客户进行自我说服，实现购买活动。

在与客户交往的过程中，销售人员不难发现，客户往往不会主动地说出自己的感受与想法。优秀的销售员会通过提问的方式来引导客户，也只有通过正确的引导，销售人员才能深层次地挖掘客户的需求，并实现推销的过程。

我们可以通过以下这个例子来了解引导式提问的重要性。

客户："你的产品我看了，跟别人家的差不多。"

销售员："性能方面您也了解了，那么您想要拥有怎样性能的产品呢？"

客户："对产品性能也没过多的要求，只要能满足现在的需要就行。"

销售员："是这样啊。那您现在最迫切的需求是哪方面的？"

客户："就是可以让我的机器能正常运转。"

销售员："那我给您推荐的这个产品，只要您安装上了，我可以保证您的机器可以正常运转。"

客户："那好吧，那我安装一台试试。"

通过这个案例，不难看出，销售员在客户产生疑虑的时候，通过引导式发问，了解到客户内心最急切的需求，从客户的需求出发，帮助客户解决问题。通过引导式发问，解决了客户的疑虑，实现了销售的目的。

引导式发问的方法并非适合所有的客户，也并非适合所有的交流场合。作为营销人员，在哪些情况下可以运用这种方式提问呢？首先，在销售人员介绍完产品之后，不要迫不及待地去提出成交的请求，而是应该问问客户的感受，询问客户是否有疑惑的地方。再就是当销售人员陈述完一个事实之后，比如讲了一个故事，在故事结束之后，可以通过引导式提问的方式来了解客户的感受。其次，就是在客户体验过产品之后，客户对产品的性能有了一定的感知，这个时候不妨问问客户的感受。最后，客户永远会有问题，这个时候，当客户表达了自己的疑虑之后，销售人员想尽办法解决了客户的疑惑，此时不妨问问客户还有没有其他的意见和不清楚的问题。

用引导式发问挖掘客户需求的技巧

了解客户的需求是销售人员完成交易的必经之路。在与客户交流过程中，我们需要想尽办法来了解客户的需求，而引导式发问便是一种不错的方法。通过引导式发问，销售人员能够了解隐藏在客户内心最深层次的需求和感受，也能帮助客户了解自己最急迫的需求是什么。因此，销售人员不妨通过以下几点去掌握引导式发问的技巧。

1.学会顺着客户的想法去提问

在销售人员去拜访客户之前，就应该了解客户的背景资料，并且在与其交谈的过程中，直接询问客户对其产品的看法，然后从中引出一些问题去进行提问，从而将顾客引导到自己的想法上。

2.对相似的问题进行比较

作为销售人员，如果我们去推销一种软件，客户肯定会详细地了解软件的作用和功能，此时，我们可以问客户在购买电视的时候依据的是什么？客户可能会说品牌，此时，我们就能够告诉他，这款软件是知名品牌厂家研发的。用这种类比的方法，可以让客户接受我们的建议。

3.对复杂的问题进行分解

我们经常会听到有客户说某个产品价格太昂贵了，此时，我们不妨选择另一种方法与客户进行沟通：对价格进行分解。比如，你买一个床垫要5000元，而床垫的寿命多在五年以上，每年消耗1000元，每天也就是3元钱左右。

对于客户来讲，他们总是有很多需求不愿意当面表述出来。不仅如此，很多时候，客户不想让销售人员明白自己的真实需求。此时，如果销售人员不能够通过一些方式和技巧挖掘客户内心的真实需求，客户很可能会成为别人的客户。因此，挖掘客户内心最深层次的需求，需要销售人员选择正确的沟通方法。引导式发问，不仅是问客户问题那么简单，而是带着目的性去问，让客户按照自己提问的思路进行回答，这样才能够达到自己的目的，了解客户的真实需求，从而实现促单。

　　成功的销售人员总是能够知道客户想要的是什么，这离不开与客户的正确沟通。在与客户沟通过程中，销售员要清楚自己每说一句话、每问一个问题都是要有助于自己本次销售的，这样做不是为了催促客户下单，而是为了能够掌握客户的真实需求，从而帮助客户解决问题，在帮助客户解决实际问题的过程中，实现推销自己产品的目的。

善于倾听，适时给出专业建议

我倾听每个人讲话并一一记录，特别是对业务人员，因为他们一直最接近人群。

——美国企业家李奥·贝纳

聆听让销售更顺畅

销售员有时候会出现没有听完就打断客户说话的时候，甚至还不等客户说完，销售人员就急于反驳对方的观点，这样做会影响客户与我们沟通的效果。不仅如此，善于聆听他人说话，是一种尊重他人的表现。当客户表达自己的需求或者是建议的时候，作为销售人员认真聆听对方讲话，便是对对方最大的尊重。

善于聆听是一种修养。无论是与客户交往还是与其他人进行沟通时，都不能随意打断别人的讲话，不仅如此，在他人表达自己看法的时候，认真的去聆听别人讲话，能够提升对方说话的欲望，对于客户来讲，当销售人员认真聆听他们讲话时，他们会更加愿意表达自己的想法，会帮助客户打开话匣子，从而销售人员也能够更加清楚地了解客户的需求。

在销售过程中，很多销售员容易犯这样的错误，即摆出认真聆听客户谈话的样子，内心却在等待机会表达自己的想法或者想如何接客户的话，这种沟通方式的效果往往很差，因为销售人员根本没有将客户的话听到耳朵里，根本没有关注客户的意愿。而善于聆听，是能够通过客户的话语了解到客户的真正意图，或者明白客户的真实想法，从而能够给出客户更好的建议或者是意见，最终促成订单。

售楼部来了一位老客户王先生，王先生在这个售楼部买了一套房子，房子已经签了合同，这次王先生又找到销售员小周。

小周很热情地上去迎接王先生，并问王先生有什么需求。王先生说道："我把我买房子的事情告诉了我的一个朋友，他听说我买的房子的地段，所以也想买套房子。"

小周顿时明白，王先生是想要给自己介绍客户，便高兴地点点头。

王先生继续说道："这里的房子的户型都不错，只是我的朋友有点担心价格，所以今天来，我想问问能不能按照我买房子时的定价给他，我买了才五个月，如果能按照那个时候价格给他，那他肯定会选择咱们这里的房子的。"

小周明白王先生来的目的是什么，他是想先给朋友问清楚价格。此时，小周才做回答："是这样的，虽然这五个月房价每平米涨了100块钱，一套房子下来总价也没涨太多，您可以先让您朋友过来看看楼层和户型，如果他看上了，我再去跟我们经理说说，如果您朋友看不上剩下的这几套，那我现在给您保证价格也没什么意义。您说对吧？"

王先生听小周说的也有道理，便答应先带朋友过来看看房子。

通过案例不难发现，小周知道王先生来这里的目的之后，便给出了一个合理的建议，王先生欣然接受了。因此，作为销售人员应该先聆听客户的话语，了解客户的心思，然后才能够找到解决问题的办法或者是给出客户合理的建议。

善于聆听的销售员都知道，在与客户交流的过程中，聆听比劝说更为重要，善于聆听的销售员能够充分调动对方的积极性，让客户产生如遇知己的感受。同时，通过聆听能够拉近与客户之间的距离，让客户放下戒备心，勾起客户的表达欲望，从而让下一步的销售变得更加容易。

提升聆听能力的方法

有人曾经向日本有着"经营之神"的企业家松下幸之助请教经营的诀窍，他说："首先要细心倾听他人的意见。"对于销售人员来讲，聆听就是把握客户信息的一种途径，那么如何来提升自己的聆听能力，从而在适当的时候给出客户建议呢？

1. 培养积极的倾听态度，学会站在客户的角度去思考问题

销售人员应该经常反问自己，我是不是认真聆听了客户的话？客户说这些话的目的和内涵是什么？我为什么没有耐心的聆听客户说话呢？当销售人员将聆听客户说话当作是一种必备的沟通态度以后，那么自然会将客户说的话放在首位。

2. 保持宽广的胸怀

在与客户交流的过程中，可能会听到客户的抱怨声，或者是对产品的不满，此时，作为销售人员，千万不要为了争口头之快，而影响到与客户沟通的气氛。因此，销售人员不要根据自己听到的来判断客户，避免发生口角。

3. 让客户把话说完

在客户想要表达自己想法的时候，千万不要打断客户的谈话。要知道客户根本没有机会天天和你说话，他只是想表达自己对产品的认知，因此，作为销售人员要给客户表达内心的机会。只有这样，销售人员才能够按照

客户的表达来决定自己什么该说什么不该说。

4. 不要抵制客户的话

即便客户对销售员的态度不够热情和友好，此时，也应该让客户把话说完，从而找到可以解释的地方。在抵制客户的话的时候，往往会导致客户对我们的抵制态度。

很多销售人员在与客户沟通的时候，很容易陷入误区。比如，销售员总是滔滔不绝地说个不停，根本不去理会客户的感受，同时，销售人员也从来不去关心客户在想什么。因此，合格的销售人员总是能够给客户足够表达的机会，鼓励客户去表达自己的愿望。同时，在与客户沟通的过程中，他们总是站在客户的角度思考问题，在客户表达自己思想之后，能够找准时机给客户合理的建议与意见。这样的销售人员往往能够拥有大量的客户群，甚至与客户成为好朋友。

第四章

产品包装：提炼 USP 独特卖点

提炼 USP 独特卖点的三大要点

在格力电器只奉行两个字"简单"。目标"简单"——好空调，格力造，"打造百年企业，创立国际品牌"；管理"简单"——机构扁平化；"宣传简单"——不搞炒作，频繁出现在消费者眼前的只有六个字"好空调，格力造"；营销"简单"——厂商分工；服务"简单"——质量好，八年不维修。

——格力集团董事长董明珠

USP 独特卖点的特征

什么是 USP 独特卖点？指的就是独特的销售主张，在销售的过程中，找到产品独具的特点，然后以足够强大的声音说出来，而且要不断地强调。在当今社会，市场竞争如此激烈，市场上产品同质化严重，销售人员想要出单，自然就需要找准产品独特的卖点，以此来吸引消费者的眼球，从而达到快速营销的目的。

当客户需要购买你的产品时，肯定是你的产品的某项性能满足了客户的需求。而这种性能如果能够独具特色，想必客户很愿意为其买单。对于任何一件产品来讲，它之所以会存在，必然是存在某方面的价值。因此，作为销售人员只需要将产品具有的独特价值展现给客户，便能够很快吸引客户的目光。

南昌卷烟厂的"金圣"正式被人们所知晓是在 2004 年，这一香烟品牌在那一年的价值达到了四十多亿元。在 2001 年，"金圣"香烟打开了国际市场，其首批产品登陆东南亚，当年就创收七十多万美元。为什么"金圣"香烟能够从众多的香烟品牌中脱颖而出呢？其实原因很简单，便是它的独特卖点。众所周知，吸烟有害健康，而金圣香烟正是抓住了"健康"二字，因为很多人吸烟引起了咳嗽和哮喘，金圣便提出了在香烟中添加一些中草药的成分，这就让产品具备了缓解咳嗽、抑制哮喘的功效。在这一点上，大大契合了消费者的需求和愿望，这也让"金圣"这个品牌保持了生命力。

通过这个例子不难看出，在销售产品的过程中，需要我们尽量将产品的卖点展现给客户，只有这样才能够抓住客户购物心理，从而让客户更加愿意购买我们的产品。

很多销售者可能不知道如何来提炼产品的特征，其实，USP 独特卖点往往可以从以下几方面进行考虑：首先，从价格方面思考，自己产品的价格是否在同类产品中是较低的；其次，质量方面，自己所售卖的产品的质量是否是最突出的；再者，售后服务，自己所售卖的产品的售后服务是否是一流或者顶尖的；最后，独家提供者，即这款产品是否只有你才能够提供，或者是某一款产品只有你才能大批量地提供等。

销售人员需要看到产品独特卖点的价值与作用，同样，客户也会参照产品的独特卖点来进行选择。如果销售者在对客户进行产品介绍的时候，总是将客户的产品独特性定位不准确，甚至找不到产品的独特卖点，自然无法吸引客户的眼球。

销售活动的展开自然是围绕着产品，而销售者要找到产品的独特之处，就要明白自己定位了哪些独特之处，客户才会愿意接受或者更愿意去购买。

没有人愿意买一件毫无特点的产品，而特点鲜明的产品往往会收到客户的追捧。

USP 独特卖点的三大要点

对于销售人员来讲，独特的销售主张是我们建立销售业绩的保证。在与客户沟通过程中，销售人员应该把握住产品的特点，找到产品的独特之处，从而尽量吸引客户的眼球。那么，这就要求销售人员能够从三大要点进行掌握。

1. 要强调产品具体的特殊功效和利益

在进行产品宣传的过程中，销售者可以利用宣传活动或者是广告，让客户了解产品的特殊功能。要知道每一个广告都必须对客户有一个明确且实际的销售主张。

2. 产品特殊性是竞争对手无法提出的

也就是说，在我们找到产品的独特性时，要知道同类产品所没有的，只有这样才能称之为产品的特殊性，也才能更加吸引客户的注意力，给客户留下更为深刻的印象。

3. 有强劲的销售力

对产品特殊性选择的时候，必然要考虑到是否适合拿出来作为卖点销售，这会影响到销售力，同时，也足以影响成百万的社会公众。

在与客户沟通过程中，可能很多销售者会担心自己根本看不到自己产品的独特之处，也就是找不到产品的特殊卖点。其实，我们完全可以从低价格、高质量、独家提供者、最佳售后服务等方面进行选择。无论哪款产品，都会有自己的立足点，只是看销售人员是否把握住了。

运用 FABE 法则，有理有据让人信服

客户最关心的是质量、服务和价值。

——代营销集大成者菲利普·科特勒

FABE 销售法则进行产品介绍的四个步骤

什么是FABE销售法则？简单来讲它指的是一种销售模式。通常情况下，可以分为四个关键环节，从而来解答消费者的诉求，这样能够极为巧妙地处理好客户关心的问题，从而达到顺利销售产品的目的。那么要了解 FABE 销售法并进行话术，就应该了解其四个步骤，分别为特点、优势、利益、证据。

首先，特点（Features），指的就是我们销售的产品与众不同的地方。当客户在决定购买我们的产品之前，我们需要向客户展示产品，说出产品最大特点或者独特之处，这就是产品的功能展示。比如，一款洗衣机可以进行智能语音操作，我们可以向客户展示洗衣机的这一独特功能。

其次，优势（Advantages），指的是我们销售的产品有什么优点。比如我们可以对客户说，"这款产品噪声更小""这款产品很多明星代言"等。这个更倾向于情感性体验。

再者，利益（Benefits），指的是能给客户带来什么好处，这点比较好理解，比如产品本身有什么好处，打折促销对产品有什么好处，售后活动对客户有什么好处等。

最后，证据（Evidence），所谓空口无凭，客户为什么要相信我们呢？这点我们必须提供一些证据来进行佐证。比如现场进行产品的演示，或者是强调品牌。尽可能的通过实力来获得客户对我们的信任。

张先生正在和客户在咖啡屋洽谈合作的事情，此时，张先生的手机没有电了。因为合作谈完之后，张先生还要坐火车去外地，因此，他需要购买一个充电宝。张先生进入店铺，销售员在了解张先生的需求之后，拿出来两款充电宝，一款是知名品牌的充电宝，另一款是杂牌子的充电宝；价格方面，自然是知名品牌的充电宝要贵一些。此时，张先生有些犹豫，不知道要买哪一款。销售人员示意让张先生拿起两个充电宝，然后说道："这款品牌的充电宝明显要沉一些。"随后停住了，没有继续说下去。随后，张先生购买了知名品牌的充电宝。

这位销售人员便是利用了 FABE 销售法则，她通过让张先生亲身体会，然后佐证了品牌充电宝的质量，通过暗示重量，让张先生意识到了产品的优势和特点，最终张先生选择了对自己更有利的品牌充电宝。

用 FABE 法则进行产品介绍的好处

在销售过程中，销售人员势必需要对产品进行介绍，而对产品介绍的目的就是为了让客户更容易接受自己的产品。而运用 FABE 法则介绍产品，可以让客户更好地了解产品的特点，并容易接受产品。因此，我们可以对 FABE 法则介绍产品的好处进行总结。

1.容易让客户看到产品的独特之处

很多时候，客户犹豫不决不知道如何选购产品时，多半是没有看到产品的独特之处，即无法看到产品哪些特性能够为自己所用。运用 FABE 法则介绍产品，能够直截了当地告诉客户产品的特征是什么，从而更容易吸引客户的眼球。

2. 将产品优势展现给客户，能够抓住客户的味蕾

每一件产品都有其优势所在，客户需要了解产品的优点，从而再为之付出金钱才会心甘情愿。销售人员在介绍产品优势时，一定要了解客户的需求，做到有的放矢。

3. 运用 FABE 法则介绍产品，能够佐证产品的优势和特点

这样做能够瞬间拉近与客户的距离，让客户相信我们，从而信任我们的产品。因此，在与客户进行产品介绍的时候，一定要选择正确的验证产品优势的方式，从而取得客户的信任。

销售是一门学问。我们需要掌握多种方式来进行产品的销售。而无论那种销售方式，都需要销售人员将产品介绍给客户，运用 FABE 法则介绍产品能够让客户在看到产品特点、优势、利益的前提之下，从而心甘情愿地付出金钱。因此，销售者要善于利用 FABE 法则介绍产品，从而提升自己的销售速度。

从顾客出发，寻找针对性卖点

在一个产品泛滥而客户短缺的世界里，以客户为中心是成功的关键。

——现代营销集大成者菲利普·科特勒

销售者要想将产品卖给客户，首先自己要了解产品的方方面面。客户对待产品，无非是希望找到适合自己、能够满足自己需求的，作为销售，应该能够从客户的角度出发，了解客户的内心需求，从而找到产品的独特之处，从而从独特性出发，向客户推销产品。

我们经常会听到说从客户的角度出发，那么怎样做才算是从客户的角度出发？首先，就是想客户所想。比如，客户希望购买一件产品能够在帮助自己扫地的同时，也能够当做孩子的玩具，如果你的智能扫地机正好满足这个特点，自然会受到客户的追捧。再者，从客户出发需要了解客户。并不是所有的客户都只看中产品的质量，很多客户可能会考虑产品的价格、品牌等。因此，在与客户沟通的过程中，销售人员应该从客户的言谈举止中，了解客户对产品的关注点，从而有的放矢的向客户介绍产品。最后，从客户角度出发，其实就是从市场需求出发。销售人员要能够及时了解市场需求，保证产品适应市场需求，避免被市场淘汰。

某国产品牌手机，20世纪90年代时，在国内销量很高。随着电子科技的进步，很多手机开始进行触屏化技术更新，而这家品牌手机还是遵循按键式使用方式，根本没有投入资金进行技术创新，从而在市场竞争中，落后了一步，最终被其他企业所收购。

通过这个例子可以看出，企业从市场需求的角度出发，需要考虑到市场需求，从而提升产品的性能，只有这样才能够给产品创造新的卖点。

20世纪90年代的武汉大学，研发了一款十分出名的早教产品，当时被称作零碎方案，其创始人为冯德权先生。这款产品系统性强，更实用，但是要进行产品推广，就需要找到其他同类产品没有的产品卖点。当时，冯德权先生在中国早教领域的影响力很大，于是，企业运用了领导定位的方法，将这款产品定位为中国早教之父，也就是将产品人物化。有了这样的标签，再将产品推向市场，产品很快就打开了市场，并得到消费者的认可。

通过这个案例不难看出，要想更好地推销自己的产品，就要避开其他同质产品的共同点，找到产品的独特之处，从而进行宣传，以此来吸引客户的眼球。而筛选卖点并非易事，需要销售人员能够从产品与行业的角度出发，结合客户的需求，找到适合自己进行销售的卖点。

产品独特卖点筛选

对产品卖点的筛选是有方法的，也是有参照方向的，我们要从客户的角度出发，选择客户容易接受的点作为卖点。除此之外，还有很多方面制约着卖点的筛选，销售人员不妨从以下几点进行总结。

1. 抓住一个点即可

在销售的过程中，我们经常会遇到有些销售人员在谈论起产品时，总是能够滔滔不绝地说出产品的所有优点，但是在客户听完之后，他们往往没有被这些优点所打动。这是为什么？因为销售人员将产品的独特卖点隐藏到了产品的优点中，产品的独特之处可能就一点，而优点可能会有很多，如果将独特之处归结于优点，客户自然不会觉得产品有什么特殊了。因此，销售员要将产品的独特之处单独提炼出来，然后展现给客户。让客户在第一时间内就意识到这件产品的独特性，只有这样你所提炼的卖点才能吸引客户。

2. 产品卖点要清晰

有些产品所谓的独特卖点是其他产品宣扬的，因此，销售人员要让自己的产品卖点更加清晰化，需要放大产品的某个点，比如和其正凉茶，众所周知，凉茶有很多功效和好处，但是和其正则只选择一个"上火"，即喝凉茶能去火，避免上火的功效。在同类凉茶产品中，恐怕再难找到如此清晰的卖点了。

3. 独特卖点不要生搬硬套

如果你发现自己所宣传的产品的卖点是很多其他产品宣传过的，一时之间根本找不到新颖的卖点，此时，销售人员切忌生搬硬套一些产品没有的卖点，不然会失去客户的信任，可谓得不偿失。

在销售人员提炼出来独特卖点之后，一定要学会如何向客户进行表述，要知道有效的表述，并不是对客户说一大堆产品的好处和优点，而是将自己产品的独特之处如实的告诉客户。要知道同一个卖点，说法不同，表达方式不同，其所呈现的宣传效果也是不一样的。因此，销售人员不仅要能够提炼出产品卖点，也要学会表达产品的卖点。只有这样，才能够通过产品的卖点的展现，赢得客户的关注。

销售的过程就是一个想方设法让客户购买产品的过程。在这个过程中，我们必须学会从客户的角度出发，从客户的需求出发，然后对产品进行有目的的宣传和展现。这就是我们所说的需要找到产品卖点，因此，销售人员不妨学会找到能够吸引客户的产品卖点，进行有目的的销售。

产品外观就是产品第一印象

8848 手机对于皮革完美质感的追求，丝毫不亚于任何奢侈品品牌。

——全球最大的奢侈品皮料供应商，ECCO Leather 全球副总裁 Marcelo

产品外观设计的特征

相信所有人都深有体会，在日常购物过程中，我们对产品获得的第一印象便来自于产品的外观。产品的外观就是将产品内在的各个性能实现外在的体现，从而让人在感知系统中，对产品产生印象。产品外观设计是一种形式美的手段处理，以形态形式美的状态，达到产品外观的性能与使用者的期望值相吻合的理想目标。

产品外观设计往往承载了产品的很多内容，在一般情况下，企业十分重视产品的外观设计，因为客户选择产品时，第一感受便来自于产品的外观。因此，这就需要销售人员明白产品外观应该具有三方面的特征，即实用性、艺术性、科学性。

所谓产品外观的实用性多半来自于产品本身；产品的艺术性则指的是每个产品本身都具有艺术感染力，能够满足人们对审美的需要，不仅如此，在对产品本身特定的构造方面，可以通过产品的外观形象，让人们在心理状态上产生一些作用；而最后，产品设计的科学性，指的是产品外观设计要与功能性相结合，符合产品实用性，具有可行性的特点。

一家汽车制造企业，每年都会推出几款新车系列。今年在设计推出的一款新车中，产品设计师希望将车辆前灯增大，从而凸显出车辆的高端大气，然而这样做会造成车灯所占面积增大，从安全系数来讲，与正常车灯大小相比，安全系数是降低了。

对于这一设计，这家汽车制造企业选择放弃高端大气的前灯增大设计，选择安全系数较高的设计方案。这样做便是遵循了产品外观设计的科学性原则，保证消费者安全是最为重要的。

而在另外一家小家电生产企业，加湿器的设计突破让其产品在三个月内销售量大幅度增加。平常加湿器都会被设计为圆柱体、方形等，这家企业结合儿童的喜好，将产品设计成小猪佩琪的样子，其功能性不减，外观更加美观、可爱，这成为众多消费者选择的重点。

产品外观设计对于产品的销售会起到很重要的作用，因为产品外观常常被看作是客户对产品的第一印象。然而，产品外观在设计的过程中，必须要遵循其实用性、艺术性、科学性的特征，不然少了哪一个特征的设计，都无法得到消费者的欣赏和认可。

产品外观对产品营销的影响与作用

每件产品的面世，都意味着这件产品具备了实用性功能，然而，在当今竞争如此激烈的社会，产品如果只具备了实用性，恐怕无法吸引消费者为其买单。因此，产品外观对产品的销售起着至关重要的作用，客户在不了解产品性能的时候，首先看到的是产品的外观，这也就意味着外观是吸引客户的第一道关卡。那么，产品外观对产品的销售有着怎样的影响呢？同时，销售人员要如何利用产品外观打开销售市场呢？

1. 产品外观具有吸引消费者注意的能力

专家对消费者的行为进行了分析，发现引起消费者注意是购买行为开始的第一步。当产品从众多竞品中脱颖而出时，客户对最能抓住他眼球的产品外观会十分关注。一般来讲，不同的产品吸引客户的外观设计元素也是不同的，总而言之，设计新颖，颜色鲜艳的产品能够吸引客户的注意力。

2. 产品外观设计能够增加产品的价值

众所周知，很多企业销售的月饼多以包装取胜，其实月饼的成本并不高，成本高的是月饼的包装，通过包装设计，将月饼打造成为高端、大气的礼品，从而吸引消费者为之买单。由此可见，产品外观设计能够增加产品的实际价值。

3. 产品外观具有优化产品的作用

当一种产品在性能或者是价格上处于劣势的时候，此时，很多企业会选择用产品的外观来弥补这部分的劣势，或者是达到优化产品的目的。在销售的过程中，销售员会放大产品设计的优势。缩小产品价格或性能的劣势，有些客户为了产品的外表自然也会选择购买这样的产品，从而销售也会变得不那么困难。

产品的外观是销售人员将产品展示给客户的第一步，客户在不了解产品性能，没有体验过产品质量之前，往往会通过产品的外观来了解产品。因此，销售人员应该利用产品外观设计来吸引客户的注意力，只有当客户的注意力被吸引过来之后，客户才能够真正意义上去了解产品，从而销售过程才会变得更加简单。

深入浅出地讲解产品原理

一个人必须知道该说什么，一个人必须知道什么时候说，一个人必须知道对谁说，一个人必须知道怎么说。

——现代管理之父德鲁克

产品原理简单化讲解

在销售的过程中，我们需要将产品的性能和相关的知识讲解给客户，以此达到让客户充分了解产品的作用。对于产品讲解，一直是很多销售人员最为头疼的事情，因为他们所了解的产品知识很专业，甚至有一些技术性、数据性的内容，如果自己按照说明书、产品手册上进行照搬照抄的讲解，恐怕客户还是会十分的不解或疑惑。因此，在与客户沟通的过程中，销售人员一定要想办法，让自己所讲的能够被客户所理解。

有的销售人员为了突出自己的专业度，会将产品的原理按照说明书上一字不差的背诵给客户听，然而这样的销售方法反而十分不理想。客户之所以会被产品吸引，自然是有这方面的需求，但这并不代表，他对不理解、不熟悉的东西会更加信任。因此，销售人员在对客户进行产品讲解的时候，要选用深入浅出的方法，即用简单、明了的语言来告诉客户产品的性能。

我们不妨通过以下两个案例来进行分析。

一位老太太想要给孙子住的房间单独安装一台空调，便来到大卖场。

老太太:"哪个质量好点?"

销售员:"质量都不错。我向您推荐的这款空调采用先进的智能操作,1.5匹大小,带有除霜功能,并且是无氟的。"

老太太带着疑惑的表情,问道:"什么是除霜功能?"

销售员:"在室外温度降低到 5℃时,室外机热交换器的挥发温度会变成 0℃,空气中的水蒸气自然会变成霜体附着于热交换器上,结霜后导致制暖功能下降。除霜过程就是将⋯⋯"

还不等销售员说完,老太太便打断说道:"好吧,我再自己看看其他的。"说完,转身离开了。

老太太离开那家专柜,来到另一个品牌的空调销售区域,走过来一位女士销售员。

女销售员在了解了老太太的来意之后,说道:"您要安装的那件屋子的面积多大啊?"

"15 平方米左右。"老太太回答道。

"那您要一台 32 的就行,这个型号可以带动 15 ~ 20 平方米,没必要买太大的空调。"女销售员说道。

"那这个空调有什么功能呢?"老太太问道。

"这个空调是冷暖两用的,就是夏天制冷,冬天制热,还是变频的,也就是我们所说的省电,还更安全。这款空调还是今年的最新款,是不需要加氟的。"女销售员说道。

之后,老太太在了解了价格之后,便决定购买一台了。

对比前后两个销售员,第一个销售员将产品的原理按照说明书上的内容直接讲述给了老太太,老太太自然不懂那些专业术语,从而造成客户流失。

而第二个销售员，她能够用简单、明了的语言告诉老太太关于产品的一些主要功能和特点，从而让老太太对产品进行了解之后，对方便满意地进行了购买。

在与客户沟通的过程中，客户势必会希望了解产品的原理，而作为非专业人士，客户可能对专业的术语不够理解，因此，作为销售人员应该能够用简单的语言来进行产品原理的讲述，让客户在最短的时间内了解到产品的特性和特点，这样才能够留住客户，实现出单。

直接明了的产品介绍才能留住客户

优秀的销售人员很清楚，自己在对客户进行产品介绍时，不是为了给客户炫耀自己是多么的专业，而是为了让客户了解产品，从而选购产品。因此，他们会想尽办法，用最简单、直接的语言，让客户在最短的时间内了解产品的原理。那么，究竟要如何做，才能够实现产品原理深入浅出的讲解呢？

1. 销售员要足够地了解产品特点

对于很多销售人员来讲，他们之所以无法做到简单明了地将产品特点介绍给客户，而是选择按照说明书上进行复述，是因为他们不够了解产品，对产品的性能和特点不够清楚。在面对客户的询问时，他们也只好按照说明书上进行讲述了。因此，销售人员自己要先了解了产品的特点，才能够让客户了解产品的性能。

2. 了解竞争对手的产品原理与特点

在对同行业竞争对手的产品特点进行了解之后，我们在对客户进行产品介绍的时候，才能够更加客观和正确地给予客户选择的意见，同时才能

李先生想要购买一款新电脑，便来到一个品牌电脑的商铺，在销售人员了解了李先生来这里的目的之后，便向他推荐了一款电脑。这台电脑不仅内存大，更重要的是最新款，配置也很高，当然，因为是最新款，可想而知价格也不低。

当李先生听闻买这样一台电脑需要 8000 元的时候，李先生当即表示价格太贵了。此时销售员给李先生细算了一下，说道："先生，我们这台电脑的质量和配置都是很好的，如果您在正常使用的状态下，我保证这样一台电脑至少可以用 8 年，这样算的话，每年也就是 1000 元，每天您只需要投入不到三块钱，便能够享用这样一台配置高、质量好的电脑。不仅如此，在这8 年内，您一定能够通过这台电脑赚至少 80 万元。这样算的话，这台电脑不仅没有花钱，反而给您赚了很多钱。"

李先生听完之后，认为销售人员说的也不无道理，之后，便刷卡付钱了。

没有客户愿意在销售人员面前承认产品的性价比很高。因此，客户总是希望能够打压价格，享受好质量、好服务。在这种情况下，销售人员要学会用正确的方法给客户解释产品的性价比，从而让客户觉得自己并没有花额外的钱购买这个产品，而是这款产品让客户更容易赚到钱。

如何正确的向客户解释性价比

在面对一件商品时，每个人心目中都会有一杆秤，而这杆秤多半就是性价比。即客户会对自己付出的金钱与享受到的产品价值进行比较，看到底是值不值。当然，销售人员也会对性价比进行评定，比如在销售产品时，面对客户的砍价，到底给予客户多少的优惠既能不影响到收益又能够得到客户的认可和购买。这都是产品性价比在起作用。那么，销售人员要如何正确地向客户解释产品的性价比呢？

1. 将价格和价值进行分离

客户多半会抱怨产品价格高，此时，销售人员要告诉客户，这款产品会给客户带来怎样的价值，而这种价值是其他产品所无法带来的。当客户意识到产品所带来的价值，自然会觉得这样的价格是值得付出的。

2. 用分解法化解客户心中的负担

当某件商品的价格过高时，或者是价格超出了客户的预期和承受能力，此时，客户会抱怨产品的价格过高。销售人员可以通过分解的办法，来化解客户内心的负担。比如客户本打算花 300 元买一双运动鞋，而销售人员向他推荐了一双 500 元的运动鞋，此时客户内心会觉得产品价格过高。此时销售人员可以告诉客户这双鞋的质量很好，至少可以穿五年，那么一年只需花费 100 元。而 300 元的鞋可能只能穿两年，那么每年要投入 150 元，这样进行对比之后，客户的心理负担会减轻，甚至会消失，最终，客户会选择你所推荐的那双鞋。

3. 性价比高的产品并不是物美价廉

所有客户在购买产品的时候，都希望得到物美价廉的产品，然而性价比高并不是物美价廉，而是物有所值。当客户抱怨产品价格不够低廉的时候，销售人员可以告诉客户你的产品是质量上乘，自然价格也不会和质量差的产品一样。

销售人员要正确认识产品的性价比，同时，在销售的过程中，通过性价比来提升客户对产品的认可程度。性价比也能够成为我们进行促单的方式，这主要是看销售员能否正确的运用。当客户对性价比有了错误或者偏差的认识时，销售人员要学会正确的进行性价比分析与表述，从而挽回订单。

渲染品牌文化为产品加分

在经营理念上我们有四句话，经营的98%是人心；品牌的98%是文化；矛盾的98%来自误会；资源的98%是靠整合。

——蒙牛乳业集团创始人牛根生

品牌文化的核心是文化内涵

销售人员在开始与客户接触时，客户看到的可能只有销售人员本人，紧接着则是看到了产品。如果在与客户深层次接触后，客户看的不仅仅是销售服务与产品价值，多半会看中企业的品牌文化。那么，什么是品牌文化？它指通过赋予品牌深刻而丰富的文化内涵，从而建立起十分鲜明的品牌定位。企业再通过利用各种强有效的内外部传播途径，吸引在精神上消费者对品牌的高度认同，从而创造品牌信仰，最终客户会形成强烈的品牌忠诚度。

品牌文化一旦形成，对企业文化认同的客户会成为企业的忠实客户。因此，品牌文化对于一个企业的发展是事关重要的。而品牌文化的核心内容不是品牌本身，而是品牌所富含的文化内涵。这种文化内涵多是经过时间锤炼所得到的精华部分，也是一个企业的立足之本。

星巴克公司成立于1971年，现如今已经成为世界领先的咖啡零售商。在霍华德先生接手星巴克以后，他发现在做咖啡零售的企业已经很多，并且很多家咖啡馆的咖啡都是十分优质的，自己如果想要将星巴克做到，自然要进行突破。于是，他去了意大利，希望通过寻找咖啡文化起源获得灵感。

他来到意大利，发现大清早就有人坐在咖啡馆喝着咖啡，商谈事情、闲聊家常等，这便是一天生活的开始。这个发现给了他很大的启发，他认为星巴克要做的不是最好喝的咖啡，咖啡的质量虽然要上等，但是这不是自己品牌文化的中心，星巴克要提供的是一个充满温馨与愉快的空间，也就是后来非常著名的"第三空间"，这也就成为了星巴克的品牌文化。而很多客户也认可星巴克的这一品牌文化，他们无论是会见朋友，还是与客户进行商谈，都会选择在星巴克进行，因此，星巴克在咖啡零售界的地位是很难动摇的。

通过星巴克的案例不难看到，一个企业的品牌文化的最核心部分，便是企业的文化内涵。而星巴克找准了自己的文化内涵定位，从而找到了企业经营的方向。这对其发展有着至关重要的作用。

一个企业的品牌文化的塑造需要投入很多的经验和精力，而品牌文化的核心部分是文化内涵，因此，销售人员应该明白自己企业的品牌文化内涵，将其运用到销售过程中，让企业的品牌文化内涵为你的销售活动助力。

渲染品牌文化的营销价值

品牌文化是文化营销最核心的内容，是影响产品营销的逻辑必然。企业通过品牌文化能够增强品牌的溢价能力、市场竞争力和品牌忠诚度。不仅如此，在销售员进行营销的过程中，对客户进行品牌文化的渲染，对销售是有百利而无一害的。因此，我们需要总结一下品牌文化在营销方面的功能与价值。

1.增加产品的溢价能力

如果产品在销售之前，对客户形成了很高的期望值，然后客户能够按照期望值定价进行产品购买，这就表明产品具备了很强的溢价能力。在销售过程中，当客户在选择哪个品牌产品时，他会对不同品牌的产品形成不同的心理预期价值，只有客户的预期价值得到满足，他才会进行产品的购买。而品牌文化能够帮助客户的预期价值得到满足，从而让客户完成购买活动。

2.增强品牌的市场竞争力

品牌是具有竞争力的，而品牌竞争力不等于产品竞争力。有很多企业的产品因为质量或价格具备了竞争力，但是在市场上，其品牌的竞争力却较弱。渲染品牌文化能够直接增强品牌的市场竞争力，品牌竞争力一旦提升，所带来的利润要比产品竞争力要高的多。

3.能够增强产品的忠诚度

当一个企业的品牌文化定位准确，能够通过品牌文化吸引客户进行购买，则表明这部分客户十分认可企业的品牌文化，这部分客户是很难选择其他同样品牌的产品的。因此，渲染品牌文化，对提升客户的忠诚度是十分有帮助的。

在营销过程中，我们除需要向客户介绍产品之外，更应该让客户了解我们的品牌文化，一旦客户认可了我们的品牌文化，自然会对我们的产品产生依赖和好感，从而再次实现销售便顺理成章。因此，销售人员要善于对品牌文化的渲染，让品牌文化帮助我们创造更多的附加价值，从而提升产品的竞争力，提升客户对产品的信任程度。

用真实数据说话，客户更有好感

一个好的营销队伍必须是一个诚信的队伍，你只有讲诚信，你才能赢得别人对你的尊重，也只有这样，才能赢得别人对你的信赖，才可能得到别人的支持。

——格力集团董事长董明珠

虚假数据会让销售活动终止

曾经在一家网站上做过这样的问卷调查：广告中喜欢用数据来增强可信度，你相信那些数字吗？此次问卷调查的结果让人感到意外，百分之八十的人表示，会相信公益广告中的数字。百分之九十的人表示，不相信推销广告中的数据。通过这个问卷调查的结果表明，并不是商家提供的数据客户就会相信，客户会根据自己对行业的认知来判断我们所提供数据的真实性。因此，销售人员如果想要提升客户对产品的可信度，便需要用真实的数据说话。千万不要欺骗客户，否则会失去客户的信任，反而会导致客户流失。

有的销售人员可能会说，真实的数据可能不好听，或者运用真实的数据还不如不用数据，因为数据本身不出彩，不能成为产品的卖点。即便如此，销售人员可以想办法避开数据的提供，而不是选择对客户撒谎。要知道，对客户说谎，很多时候客户会有所察觉，甚至会直接揭露我们的谎言，这样客户会对我们产生不信任，甚至会对产品产生怀疑，这是不利于销售进行的。

赵晓晓是一家企业的设计师，她想要购买一台笔记本电脑，用于日常的设计。这就要求电脑的配置要高一些。在赵晓晓进入一家笔记本专卖店时，销售人员热情地迎了上来。

之后，赵晓晓说了自己的需求，销售人员很热情地给赵晓晓推荐了一款笔记本，并声称这款笔记本是性价比最高的，因为它不仅具有强大的配置功能，对于一般的设计软件都可以进行操作。更重要的是这台笔记本电脑的价格还不贵，只有4600元。

赵晓晓在听了销售人员的介绍之后，觉得价格还算合理，但是出于本能，她问销售人员价格方面是否能够给予优惠。销售人员表示在赵晓晓进来之前，一位先生刚刚购买了一台这款电脑，并且这位先生还是自己老板的朋友，于是，看在老板的面子上，给这位朋友便宜了100元。

赵晓晓立刻同意购买这台电脑，销售员表示要去库房给赵晓晓拿一台新的，外面摆放的是样板机。在赵晓晓等待的功夫里，她无意间看到了桌子上的收据，收据上写的电脑型号和电脑颜色都是自己要买的这一款，而价格写的明明是4350元。

销售人员提了一台新的笔记本电脑来到赵晓晓面前，赵晓晓将刚刚看到收据的事情告知销售人员，销售人员脸色瞬间变得通红，他意识到自己无法再隐瞒赵晓晓，只好将这件事情告知经理。经理出面解释说是因为之前购买产品的那位客人是老板的朋友，所以以最低价卖给了对方。

此时，赵晓晓表示既然销售所说的数据不真实，那么她开始担忧这款电脑的性能和配置，所以也开始犹豫是否要进行购买。经理只好拿出说明书，然后给赵晓晓进行讲解，最终以同样的最低价卖给了赵晓晓。

在这场笔记本的销售中，赵晓晓看到了销售人员所说数据的不真实性，自然会怀疑电脑的性能和配置。在日常销售过程中，对客户撒谎是最不明智的选择。因此，销售人员如果需要提供给客户数据，那么必然要提供真实可靠的数据，否则不如不提供。

让真实数据增强产品可信度

人与人之间最难建立的情感便是信任。尤其是对于销售与客户这两种身份来讲，本身是利益的对立体，同时也是利益的共同体。销售者要想将产品推销给客户，首先要让客户对自己的产品产生信任，在这个过程中，销售人员需要付出很多、投入很多，才能达到这样的效果。而在营销的过程中，很多销售员会选择主动向客户提供数据，以此来增加客户对产品的可信程度。

那么，在运用真实数据增加客户对产品的可信度的同时，销售人员要注意哪些方面的问题呢？

1.提供的数据要有选择

销售人员要明白，并不是所有的数据，我们都可以提供给客户。只有那些对销售有帮助的数据可以提供给客户。比如，关于产品的性能方面的优势数据等。对于那些对产品没有帮助的数据，尽量不要提供给客户，以免起到相反的作用。

2.客户有要求的数据，要有方法地提供

在销售过程中，客户会主动地问到一些销售方面的数据。比如，这款产品今天卖了多少了？这款产品成本多少？这款产品有人退货吗？等等。

在面对形形色色的客户提问时，销售人员没有办法拒绝。那么，销售人员要选择正确的方法进行回答。对于那些敏感的数据，如进价、成本等，销售人员可以含糊回答，不可直接拒绝，否则会影响销售沟通的气氛，影响客户出单。

销售的过程是与客户进行沟通的过程，在沟通过程中，销售人员需要想尽办法来提升客户对产品的信任程度。因此，在给客户提供数据资料时，一定要做到真实可靠，否则，一旦客户发现我们在说谎，这会直接影响到产品的销售。

对于那些客户要求提供而无法提供的数据，销售人员可以运用委婉或灵活的方法来做为回答。总之，销售人员要明白，进行数据提供，是为了提升客户对产品的可信度，而不是为了满足客户的好奇心。

第五章

完美体验：软实力刺激购买欲

千言万语，不如让客户亲自体验

会说话的产品卖得快，哑巴产品走得慢。

——蒙牛乳业集团创始人牛根生

用客户体验提升产品可信度

在销售过程中，很多销售人员的一贯作风是滔滔不绝地向客户介绍产品。客户虽然听了很久，但是心中难免会有疑虑，这个时候销售人员可以通过让客户体验来提升客户对产品的可信度。客户对产品的体验可以让其直接感受到产品的性能，甚至是感受到一种他希望的生活方式。客户在体验产品的过程中，会将未来拥有产品时的快乐与幸福感放大。如果在条件允许的情况下，销售员一定不要放过让客户亲自体验产品的机会。一旦客户进行体验了，更要让客户说出他的感觉。

乔·吉拉德是一位著名的推销高手，他经常会想办法诱使客户亲身体验，让客户感受一下汽车的功能。他十分擅长利用小细节和小妙招来引导客户进行体验，客户在体验之后，便会主动购买汽车。比如，客户在与其进行沟通的时候，他们总是会想方设法让客户"闻一闻"新车的味道。不仅如此，他还会邀请客户走进驾驶室，让客户试驾汽车。不仅如此，大胆的乔·吉拉德还建议客户将新车开回家，在亲人、朋友面前炫耀一番再开回来。通常情况下，客户通过这一番的亲近，自然舍不得再放弃这辆车。

根据乔·吉拉德的经验发现，凡是坐在驾驶室，将车开了一段距离之后，顾客体验完都会购买新车，即便是不买，不久之后还是会找他来进行购买。

现如今，很多汽车销售人员都会借鉴乔·吉拉德的销售经验，通过各种媒体来发布自己的广告，其中，最重要的事项就是预约试驾。让客户在预约试驾之后，再决定是否进行购买。

俗话说："耳听为虚，眼见为实。"人们通常不愿意相信别人所说的，尤其是对于销售人员的话，很多人认为销售就是在想办法将自己的钱"忽悠"到手，因此，他们常常不大相信客户所说的，而愿意相信自己亲眼见到的或者是亲身经历的。

很多客户在购买产品之前都会有很多疑虑。当然，对于客户来讲，再正常不过。而要打消客户的疑虑，最简单的办法不是向客户不厌其烦的讲述产品的性能，而是让客户亲自体验产品的性能。如果客户在体验产品之后，仍是无法下定决心购买，此时你所推荐的产品也会给其留下深刻的印象，客户在转了一圈之后，可能还是会对你的产品念念不忘。

正是基于人的这种心理，当前越来越多的销售员和企业很看重体验营销，无论是大商品还是小产品，都在试图通过客户体验的方式来让客户进行购买。可以说，客户体验已经渗透到人们日常消费购物的方方面面。

客户体验销售法的话术要点

销售员说的多，不如客户亲身体验的效果更加突出。当然，并不是所有的客户都愿意进行客户体验，在邀请客户进行体验产品时，销售人员在话术表达方面也应该有所注意。

1. 热情鼓励客户去试用

当客户对产品表现出来浓厚的兴趣时，销售人员一旦感知到客户的这种兴趣，便可以大方热情地邀请客户参与到试用中。千万不要让客户感觉你不希望他进行产品的试用，那样的话，他会怀疑你产品的性能，甚至会怀疑你所说的与产品不相符，从而犹豫不决，不肯购买产品。

2. 让顾客说出亲身体验的感受

客户在试用产品之后，一定要积极地询问客户的感受，特别是在客户体验完毕感觉很好的时候，可以结合产品的优势和独特功能，让客户说出自己的感受。从心理学来讲，这样做可以帮助客户强调产品的优势，让其内心更加认同产品，更容易实现产品的销售。

3. 激发顾客的想像力

让客户说出自己的体验与感受，这不仅局限于产品本身的价值，还是让他将产品与他的生活场景、生活方式以及人生理想相结合的一种方式，可以激发客户的想象力，让其大脑保持兴奋状态，从而让其更主动地去进行交易。

随着经济的发展，很多行业都十分重视客户亲身体验带来的价值。对于客户来讲，他们在亲自体验产品之后，才会更加愿意去购买产品，而对于企业来讲，客户体验能够增加客户对企业文化的认知程度，增加客户接受产品的几率。因此，销售人员要清楚"多说"不如"多做"。要鼓励客户去体验产品、试用产品，只有这样才能够让客户更愿意接受自己的产品，从而实现销售的目的。

激发购买欲离不开的音乐背景

音乐是思维着的声音。

——法国浪漫主义作家维克多·雨果

善用音乐营销，提升销售成功率

现如今走在大街小巷，很多商家在进行销售的过程中，都会放一些音乐。音乐不仅能够起到活跃气氛、放松环境的作用，更重要的是通过恰当音乐的选择，还可以激发客户的购买欲望，从而帮助订单的签订。很多销售人员会问，音乐真的有这么重要吗？

要了解音乐对销售的重要性，我们就要先了解音乐营销。简单地说，音乐营销，就是以音乐为手段的一种营销方式，在销售过程中利用音乐艺术的特征，增强和客户的沟通，从而满足消费者对产品的需求，最终达到企业目标的过程。随着市场竞争的加剧，音乐营销作为一种突破视觉接触、强化品牌记忆、容易掀起感情波澜而达到营销目的的工具，已经被越来越多的企业所器重与接受。

音乐既然如此重要，很多企业在营销过程中，也开始广泛运用音乐营销。我们可以通过以下案例进行分析。

在北京一家书店里，放着舒雅的钢琴曲，因为是节假日，所以来书店看书的人很多，有父母带着孩子来的，也有上班族趁节假日来进行"能量补充"

的。在这家店里，除了翻书的声音，就是音乐的声音，没有人大声喧哗，也没有人来回奔跑。

在收银台，销售员在扫码收款，销售人员说："人们喜欢在这里看书，主要是环境好，气氛好。"

通过这个案例可以看出，营销是需要营造营销气氛的，而音乐对于销售气氛的影响可谓是最直接的。因此，在营销的过程中，销售人员可以利用商场或者是与客户交谈的现场音乐，来营造出销售气氛，激发客户的购买欲望，从而实现出单。

在营销中，音乐的价值体现

每次在进行销售之前，销售人员都要明白自己的目的是为了让产品满足客户的需求，并成功地让客户将产品带走，而要实现这个目的自然需要销售人员投入方方面面的技巧和精力。那些善于运用音乐来达成订单的销售人员，不但业绩突出，而且与客户的关系也十分融洽。这就要归功于音乐对于营销的价值了。

1.通过音乐可以营造良好的购物气氛

根据国外心理专家的研究发现，经常听音乐的人要比不怎么听音乐的人寿命长。这主要是因为音乐能够帮助人们放松身心，振作精神。而随着社会的发展，人们生活水平的提高，人们的购买行为也时常会受到心情的影响，在旋律优美的音乐背景下进行产品的选定，能够让消费者不自觉地流连在商场，客户留在商场的时间越长，商场的人气也就越好，购物气氛自然也就越好。

2.通过音乐来增强销售的数量

音乐不仅能够放松客户的心情，同时也能够起到吸引客户注意力的目的。心理学家经过研究发现，选择适当的音乐能够有效地提高客户对产品的购买欲望。比如，在法国和德国红酒销售的场所同时播放法国音乐，法国红酒销售数量要比德国红酒高，而如果将音乐换成德国音乐，那么德国红酒则会多销售很多。可见，商场播放适当的音乐能够增加客户的购物欲望，从而提升产品的销售数量。

3. 音乐有助于销售人员与客户之间的感情沟通

音乐具有包容性和情感性，因此，每个人都能够听懂一些音乐，并对音乐产生思想的共鸣，很多企业会利用音乐的这个特点，来利用音乐拉近与客户的距离，打消客户的抵触情绪，从而适时地实现交易。

4. 通过音乐能够增强品牌形象

音乐的情感性是不具体的，欣赏音乐的客户根据音乐的情感性，可以感受到企业的品牌意境，从而提升品牌在消费者心目中的形象，从而达到快速出单的效果。

对于销售人员来讲，在当今社会竞争如此激烈的环境下，运用多种方式来实现促单，是必须学的功课。而音乐是运用比较广泛的一种气氛渲染的方式。在客户走进我们的门店之后，当他听到舒心的音乐，自然会放松心情，从而在与销售人员进行交谈的过程中，也会放松心情，打消自己的戒备心。此时，销售人员如果再进行产品的介绍与推销，客户便很容易接受。因此，优秀的销售人员善于运用音乐的作用，来达到激发客户购买欲望的目的，最终实现出单。

不可不学的商品陈列技巧

陈列应以销售为主导。

——日本卖场设计第一人永岛幸夫

懂商品陈列的销售更容易出单

什么是商品陈列，可能很多人会认为商品陈列不就是商品摆放吗？其实，商品陈列是一门学问。这种陈列多是以产品为主体，再运用艺术方法和技巧，将产品按照销售经营思想和客户心理要求，有规律的摆放、展示出来，从而达到方便顾客购买，提高销售效率的手段。

合理、科学的产品陈列不仅能够达到展示商品的作用，在不同行业，商品陈列的方法和规律也是有所不同的。除此之外，商品陈列也被销售用作刺激销售的手段，当然，陈列的商品的美观性也会影响销售情况。因此，在进行商品陈列的时候，一定要了解客户的心理，并按照科学合理的陈列方式来进行产品陈列。

张庆华是一家布艺店的销售员，她每天要做的事情，除了向客户介绍产品，销售产品之外，还负责每天店内产品的陈列与摆放。张庆华将店里最显眼的位置摆放上店里最有特色的布料，虽然这种布料价格偏高，但是质量较好，花色也十分吸引人。

客人每次进店，第一眼便能够看到这种布料，平均每天十个客户中，有八个人都会询问这款布料的价格和材质，而八个人中有五个人会选择购买这款布料。

对于陈列来讲，是有规律可循的，同样，对于销售来讲，不得不学一些关于陈列方面的知识，这样做是为了能够将自己想要推销给客户的产品在第一时间能被客户看到或知晓。因此，在销售过程中，销售人员要善于运用陈列的特点来实现新产品的销售与产品的推销。

商品陈列的营销技巧

在当今社会，琳琅满目的商品陈列对销售的促进作用是毋庸置疑的。有研究资料表明，在货架上摆放满商品，这种放满陈列的方式能够提高24%的销售额。但商品要具体怎么放却有不少讲究。好的商品陈列是要让客户在进店的瞬间就能够感受到产品的魅力，并满足购物需求，还要能够唤起客户的购物欲望。下面，我们不妨对商品陈列的技巧进行总结。

1. 作为陈列的首要原则，往往强调的是"量"

即在产品陈列的时候，一定要注意产品的数量，也就是说，只有足够的数量才能够吸引客户足够的注意力和兴趣。同时，量感的陈列也是促使门店形象变得更加生动的一个重要条件。在店面陈列上，要尽可能将同类产品摆放在一起，从而达到"量"的概念。

2. 店面讲求颜色的搭配

通过研究发现，很多客户属于冲动型客户，他们在购买产品时，除了会受到产品价格、品种、质量的影响之外，还会受到来自其他因素的影响。比如店面的色调、产品陈列色彩的搭配等，将冷暖色调适当地进行组合，这样能够吸引消费者的眼球，同时达到提升销售额的作用。

3.同类别商品要集中陈列在邻近的货架或位置

什么是同类别的产品？首先，用途相同、相关或者相似的商品，需要尽量放在同一个区域，这样做就符合了"两杆陈列"的原则，同时，也方便客户进行产品的比较。再者，同类产品陈列在一起，能够让客户按照集中的类别找到适合自己的产品。当然，在一些细节陈列方面，需要将一些特价商品或者是搞活动的产品摆放在显眼位置，达到吸引客户注意的目的，从而让客户产生购买的冲动。不仅如此，对于同类产品不同品牌，要根据视觉审美，能够形成自然过渡，并给客户造成较强的视觉冲击力，从而吸引客户的注意，达到激发客户购买欲望的目的。

随着销售员对陈列的认知越来越完善，很多销售员会专门开辟一处，对商品进行搭配，从而形成整套的产品展示，这样做是为了帮助有些客户节约挑选的时间，加速客户购买。

4.左右结合，吸引客户

一般来说，当客户进入店门后，眼睛会最先看到左侧的产品，再慢慢移动到右侧，这是因为人们的习惯是先左后右的。因此，在进行店面陈列时，商品尽可能有吸引力的产品要摆放在左侧。同时，根据人的心理，因为人们习惯了右手操作，所以右侧的产品往往会让客户感到是十分可靠和安全的，因此，利用客户的购物习惯和心理习惯，陈列要遵循一定的规律，只有这样才能够让你迅速出单。

商品陈列不是随意摆放，而是一门很重要的科学。在当今市场竞争如此激烈的社会，很多企业已经意识到产品陈列的重要性。可以说商品陈列是无声的促销员，我们可以利用商品陈列技巧，让其帮助我们吸引客户的注意力，减少客户犹豫的时间，实现高效出单。

商品陈列也是一种手段，是帮助销售人员进行产品销售的手段。因此，作为销售人员应该学习一些陈列的技巧。在产品陈列的时候，一定要遵从客户的购买习惯和心理习惯，从而保证客户在第一时间内能够被商品所吸引，找到适合的自己的商品，满足客户的购物需求，缩短销售的时间。

产品性能演示，打消客户的疑虑

你要宣扬你的一切，不必用你的言语，要用你的本来面目。

——法国伟大的哲学家卢梭

产品性能演示注意事项

什么是产品演示？它指的是在销售现场演示产品的特性、功能与优势，以眼见为实的销售促动消费者购买。产品演示的销售策略是一种立竿见影的促销方式。通过对产品的演示可以满足客户的视觉、听觉、嗅觉、触觉等各方面感官器官的感受。

销售人员可以利用这种方式，来吸引客户的目光。同时，在销售过程中，客户难免会有所顾忌和疑虑，面对客户的疑虑，销售人员要做的就是让客户更好的去了解产品，从而打消疑虑。而最好的方法便是进行现场的产品展示，向客户演示产品性能，从而让客户第一时间感受到产品的价值。

当然，在进行产品性能演示之前，销售人员应该提前做好准备工作，比如将产品演示所需要的产品和工具准备齐全；了解客户的基本情况，针对不同的客户特点，进行不同的演示操作，这样所能达到的效果才是最好的。再者，根据产品的不同，演示形式也可以采用多样化，不同的演示形式，所带来的效果也是不同的。最后，演示方案的准备，对于演示方案，如果是针对单个客户，可能不需要方案。如果面对的是成群的客户，那么演示方案需要具体到每一个步骤。

在乘坐火车的时候，我们经常会看到火车上有人在售卖一些小商品。唐先生在乘坐火车的时候，一位销售员拿着很多条"毛巾"在进行售卖。所谓的"毛巾"是采用了特殊的原料，可以在瞬间吸水，从而达到快速吸干衣物、头发的作用。

销售员为了能够让列车上乘坐的消费者相信自己所售卖产品的质量和功能性，便随身带了一瓶矿泉水和一件衣服，他将矿泉水倒在衣服上，衣服瞬间湿透了。此时，他再将"毛巾"拿出来，用"毛巾"用力擦拭衣服，然后再让乘客用手去摸原本湿透了的衣服，乘客发现衣服现在已经不湿了，只是有一点潮。

在销售员演示完之后，在唐先生就坐的车厢就有将近20人买了这种"毛巾"。唐先生也不例外，他也买了一块儿。显然，这位销售员的产品演示是成功的，他的产品演示不仅打消了消费者的疑虑，同时实现了促单的效果。

产品性能演示需要具备的条件

在销售过程中，向客户进行产品推销，产品演示是不能缺少的一个环节，如果在演示的过程中，客户能够参与其中，那么肯定会给客户留下深刻的印象，不仅如此，这也能够激发客户的购买欲望，最终实现出单。但要知道产品演示并不是单纯地向客户展示产品，而是需要一定的技巧。在我们向客户展示产品的时候，要学会用简单、专业、易懂的方法，这样才能更加有效地向客户传递信息。因此，销售人员就应该了解产品性能演示所需要具备的条件。

1.产品的功能性要强，操作要简单，而且能够看到效果。比如在销售一些小家电时，这些产品的功能比较单一，操作也是十分简单，而且在产品演示的现场，效果能够一目了然。如果对于操作复杂的产品客户肯定不会等那么长时间就为验证我们的结果。比如，如果销售员推销压力锅，并且进行现场演示，顾客需要等待很长时间才能知道压力锅的功能是否如销售员所说，可想而知，几乎没有客户会有这么多的时间来观看演示。

2. 在同类产品中，没有必要将每款产品都进行一一演示，而只需要从中挑选一款具有新功能的产品进行演示即可。这样做不仅能够刺激客户的眼球，还能激发客户的购买欲。比如某个洗衣粉品牌，销售员将最新香味的洗衣粉与另一个牌子的洗衣粉进行比较，得出结论是自己所销售的洗衣粉不仅能够快速洗干净衣物，气味还十分清香。这不仅让客户更相信自己销售的洗衣粉，也能够实现当场高效销售的目的。

3. 销售员在进行产品演示的时候，一定要注意自己的动作，要做到干净利索，要给客户一种真实感，动作不要过于夸张，这样会让客户感觉是在看一场表演，而不是在进行产品的演示。

4. 在演示的过程中，销售人员要注重与客户的互动，这一点是十分重要的。当我们在与客户进行互动的时候，不仅能够加深对客户的了解，沟通感情，更能够让客户感受到产品，从而加深对产品的印象，激发客户的购买欲望，最终实现产品的购买。

每一种产品在销售的过程中，都可能会遇到客户的不理解的现象，甚至是客户不认可的现象。因此，在客户不认可或者是对产品性能产生疑虑的时候，在条件允许的时，销售人员可以当即进行现场的产品性能演示，这样做是为了加强客户对产品的信任程度，从而打消客户的疑虑，在最快的时间内完成对产品的销售。

选准营销场合，出单更迅速

良机只有一次，一旦坐失，就再也得不到了。

——美国著名的轻武器设计师约翰·摩西·勃朗宁

看准场合，再营销

所谓不同的场合，说不同的话，做不同的事。销售也是如此，我们要销售产品，所面对的客户不同，同样所处的销售场合也有所不同。而销售的过程就是不断试图说服客户的过程，在营销的过程中，要么客户被销售说服买单，要么就是客户转身离去。而对于销售来讲，要选择适当的营销场合，并不是所有的场合都适合做营销，只有场合合适，才可能实现出单。

所谓销售讲究"天时地利人和"。所谓"地利"恐怕指的就是合适的销售场合了。很多销售人员之所以没有成功，不是因为他们做销售工作不够积极主动，也不是因为他们不了解产品，而是因为他们没有分清楚销售场合，他们只要见到客户，都会不停地向客户介绍产品，不管客户当时是否方便，也不管客户是否有其他的事情，只是按照自己的思想和意愿，不停地向客户进行产品宣传。这样做不仅不会实现促销，反而还会让客户产生反感的情绪，因此，优秀的销售能够分清楚什么场合适合销售产品，什么场合则选择沉默。

张思思是一家企业的销售人员，她主要销售的是企业生产的一种器材，而需要这种器材的大工厂都是她的潜在客户。一次，在与朋友聚餐的时候认识了一家大工厂的采购经理田某，张思思意识到如果能够将这位田经理说服，采购自己的产品，那么自己的销售业绩便能够名列前茅。

之后，张思思隔三差五给田经理打电话，虽然田经理有些不耐烦，但是知道张思思是朋友的朋友，也并没有多说什么，而是以工作忙、在开会等理由，挂断了电话。

张思思发现给田经理打电话没有任何效果，于是，她决定"上门推销"。于是，张思思来到了田经理的办公室。在张思思敲门进入后，看到田经理正在埋头整理某些资料。张思思直截了当地表明自己的来意，田经理看了看张思思，礼貌性地让她就坐。然后，田经理又开始着急地整理资料。

张思思并没有看出田经理有不耐烦的情绪，便开始介绍自己的产品，并开始介绍产品的性能。此时，田经理打断张思思的话，说道："张小姐，要不您留一张名片，真的不好意思，等一下我还要参加一个很重要的会议，恐怕现在没有多余的时间留给您介绍产品。"

张思思以为田经理是在敷衍自己，便有些着急地说道："田经理，我知道您很忙，不过请您给我五分钟时间。"

"实在抱歉，我现在必须要去参加一个重要会议了。"田经理拿起手中厚厚的资料，转身离开了办公室。

显然，张思思没有实现这次推销活动。因为，张思思的拜访没有提前预约，在田经理表明自己很忙的时候，张思思还在介绍自己的产品，她并没有意识到推销场合和时间选择的不正确。因此，她没有达到自己的销售目的。

适合推销的几种场合

成功的销售人员能够在适合的时候，向客户推荐自己的产品，从而在最适当的时候，让客户愿意接受自己的产品。如果不注重销售场合，盲目的向客户进行推销，可想而知，销售人员是无法达到销售的目的的，反而还会让客户产生厌倦之情。因此，我们不妨了解以下几种适合推销的场合。

1. 提前预约，在客户办公室进行产品推销

这里强调的是与客户预约好的时间，如果我们贸然"闯进"客户的办公室，客户可能会以忙其他的事情为理由，下达逐客令。因此，如果是与客户提前越好的时间，客户即便有更为重要的事情，也不会下达逐客令。再者，客户办公室本身就是一个正式的场合，而我们去推销产品本身也是为了工作，在正式的场所，客户往往会以比较认真的态度对待我们的销售活动。

2. 在咖啡厅与客户进行产品合作洽谈

很多时候，客户希望能够在比较舒适的环境中，商谈合作。如果是在咖啡厅、茶馆等这种比较轻松的环境中，与客户商谈合作，那么商谈的气氛往往是缓和的，客户的态度往往也不会过于严肃。因此，在这种场合商谈合作往往是比较熟悉的客户，而非第一次见面的新客户。

3. 在客户家中进行产品推销

一般而言，客户是不会将销售人员约到家中进行商谈合作的。除非是十分熟悉的销售人员。即便是进入客户家中进行产品推销，也要注意客户的情绪，如果看到客户情绪不佳时，产品推销活动应该延后，否则也不会达到好的效果。

4. 在门店内进行产品推销

　　如果客户直接进入我们的门店，我们作为销售人员在了解了客户的需求之后，便可以直截了当地向客户推销产品。这个时候，客户进入门店便是希望能够买到适合自己的产品，只要注意自己的推销话术，便能够实现销售的目的了。

　　对于不同的场合，销售人员要进行的推销话术也是不同的。但是无论哪种推销话术，都需要结合客户所处的场合。有的销售人员根本不注意客户所处的境地，比如客户在与朋友聊天，此时销售人员上去进行产品推销，不仅会打扰到客户，还可能会让客户觉得没面子，从而激怒客户。因此，销售场合影响营销效果，优秀的销售员是能够分辨出什么样的场合适合进行产品推销，什么场合不适合产品推销的，只有场合适合，客户才会更加愿意去购买我们的产品。

"先试用，后付款"的魔力

房子上面漏雨，只有下面的人才知道。

——蒙牛集团创始人牛根生

试用促销的优势

在面对激烈的市场竞争中，企业为了能够极大限度地吸引客户，同时为了能够扩大自己产品的市场影响力。很多企业已经开始打着"先试用，后付款"的旗号，以此来吸引消费者的目光，并获得消费者的信赖。先试用，后付款到底是怎样的一种销售模式呢？

很多新产品在刚面世的时候，由于消费者对其认识较少，企业为了能够很快的扩大市场，占领目标受众，便可以先进行免费试用，试用完之后，如果客户觉得产品不错，想要购买，则只需要再进行付款即可，而如果客户觉得产品的性能不好，那么，自然可以选择归还产品。

或许我们会说，这种先试用再付款的模式，是否风险太大？其实不然，对于客户来讲，他们之所以会申请试用，多半是因为自己真的需要类似的产品。当申请试用之后，客户一旦觉得产品适合自己，则会不假思索地进行购买。这样的一种销售方式，其实是打消客户对产品戒备心的一种体现，让客户在最短的时间内信任产品。不仅如此，当客户感受到产品的优势之后，他自然会向身边的朋友进行介绍，并推荐朋友也进行试用。这样一来，客户群便会在无形中扩大。

贝尔是一家空气净化器的销售员。一天，他来到一家上市企业，有幸的是他见到了这家企业的总裁。于是，他开始向这位总裁推销自己的产品。

"贵公司虽然面积很大，但是我发现办公室的人员很多，电脑和打印机等设备也很多。再加上来来往往的客人，您公司的空气质量可想而知。"贝尔认真地说道，但是这位总裁并没有理会他，他继续说道："我们公司的空气净化器能够帮助您，因为它能够提升空气质量，同时能够让您的员工精神百倍地进行工作。据我所知，如果空气质量差的话是会影响人的工作效率和工作积极性的。"

总裁说道："抱歉，我并不觉得我们需要这样的产品。"

"难道我们的产品对您没有好处？"贝尔疑惑地问道。

"我只是不太确定，你的产品是否有效。"总裁说道。

"这很简单，我可以将手中的产品放在您这里，让您试用一周，如果您觉得有效，您就留下，如果觉得没有效果，那一周之后，我就来取走。您看这样可以吧？"贝尔说道。

一周之后，总裁购买了这台空气净化器，并订购了五台，放到其他的分公司。

通过上述案例不难看到，一个好的销售方式，便是能够最终达到自己销售目的的方式。贝尔通过先让客户试用的方法，最终产品得到了客户的认可。由此可见，销售人员可以利用先让客户试用的方式，来让客户接受产品，从而增加产品的销售额。

先试用，后付款的营销诀窍

现在很多购物网站都推出了先试用、再付款的购物方式，这样做无非是希望加大客户对产品的信赖程度，让客户通过体验，再进行下单。那么，在运用先试用、再付款的销售方式时，究竟要掌握哪些诀窍呢？

1.试用产品的价格

纵观现在的"试用"产品，不难发现，这类产品多是一些价格相比同类产品要高的一些商品。这类商品可能是新品，也可能是新成立的品牌为了打开市场。所以说，一般运用这种销售方法的商品多半在价格上要高一些。

2.试用需要通过申请

很多产品的试用并不是所有人只要想用，就可以试用。要知道试用也是需要投入成本的。因此，在试用的时候，需要客户进行申请，申请时需要填写一些相关的个人资料。企业可以通过这些资料来了解，哪些客户在试用之后，可能会购买产品。哪些客户不是目标客户群，这样则无需通过试用。

3.精准客户主动提出试用

对于一些准客户来讲，如果客户只是表明对产品的性能不太了解，此时，销售完全可以主动提出让客户试用。因为对于精准客户来讲，能够试用产品，多半试用结束之后，客户也会购买产品。

先试用，就是让产品作为敲门砖。先让产品进入到客户的需求中，让客户进行体验，在体验之后，如果客户觉得产品不错，自然会进行购买。另外一种情况是，有些客户比较爱面子，当他在试用之后，即便不想购买，但是觉得已经试用了产品，不进行购买有些不好意思，因此，他也会选择购买产品。因此，对于销售来讲，试用营销是一种增加销售额的好办法。

安排好等待时间，消除顾客焦虑

公司的成功不取决于生产，而取决于客户。

——世界营销学大师彼德·德鲁克

销售要学会安排客户的等待时间

排队等待是很多客户都会遇到的事情，也是很多销售人员所面临的问题。在等待的过程中，客户往往会产生抱怨之情，甚至会因为等待时间的问题而选择放弃购买产品。对于很多客户来讲，等待就是在浪费时间，在当今社会，时间如此宝贵，无论是销售员还是客户，都不希望存在等待时间。那么，在客户等待中，一旦产生了焦虑情绪，便会对销售产生不利的影响。销售人员要学会安排客户的等待时间，让客户感觉不到自己是在等待。

在超市，我们在结账的时候，总是会遇到排队等待的事情。为了能够化解客户的等待焦虑。超市往往会在排队的结算口附近摆放一些小商品，这些小商品多半外观十分精美。消费者在等待结算的时候，往往会看周围的小商品，从而也会增加销售额。这就是一种减少客户产生等待焦虑情绪的方法。

海底捞被称为火锅界的领头羊，它的服务也是行业内交口称赞的。海底捞之所以能够吸引众多消费者，不仅因为其产品的味道，更重要的是他的服务。先不说在就餐过程中的服务，先说在顾客进店之后，如果没有空位，顾客必然需要等待。此时，服务员会先给顾客送上水果或者是点心，先供顾客享用。除此之外，顾客还可以享受免费的做美甲、免费的擦皮鞋等服务，以此来缓解等待的焦虑情绪。

因此，在海底捞等待的过程也是一种享受的过程，这也是为什么海底捞能够吸引众多客人前去消费，并且愿意花费大量时间进行等待。

销售不仅仅是将产品推荐给客户，在与客户交往的过程中，销售要照顾到客户的所有情绪。在任何一个环节，影响到客户的情绪，都有可能丢失订单。因此，销售人员要学会安排客户的等待时间，让客户在等待中，享受到我们的服务，只有这样，才能化解客户因等待而产生的焦虑情绪，避免客户的流失。

让客户心甘情愿等待的方法

几乎没有人喜欢等待，客户觉得等待就是在浪费时间。不仅如此，在客户眼里，等待就表明是效率低下，也不可避免地使客户感到烦躁。客户等待的时间越长，他们也就越不可能购买产品。随着产品同质化的趋势越来越明显，服务成为企业最大的特点。而减少客户的等待时间，有效管理排队现象，这成为提高服务质量的重要环节。那么，有哪些方法能够让客户心甘情愿地等待呢？

1.企业应积极与客户提前沟通，并尽可能告诉客户准确的等待时间

这样做是为了克服客户在等待中所产生的焦虑。当客户得知一个时间点之后，他内心的焦虑情绪会减少。同样，客户也会根据需要等待的时间来确认自己是否要等待。比如，必胜客披萨店在顾客进店之后，会准确地告知顾客需要等待的时间，并给予等待的顾客更多的关注，隔一段时间会

给顾客送上免费的饮品，以此来表明没有将他们忘掉。

2. 为客户创建一个舒适的等待环境

现在很多门店都有专门的等待区域，这个区域的环境一般比较优雅，同时还会放上舒适的座位，这样客户就不需要站着等待了；在等待区还会放上一些书刊，以便客户在无聊的时候翻阅，从而减少等待的焦虑感。

3. 在顾客等待的时候，为客户提供其他内容的服务

比如在餐厅内，客户等待时，服务员可以先将菜单拿给客户，让客户先点菜。这样不但能够减少客户等待时间，更能提高餐厅的工作效率。

4. 尽量给客户安排一些事情去做

所谓安排事情，是让客户找到消磨时间的方法。比如在候车室提供的电视显示屏，客户在等待坐车的时候，可以先观看电视节目，缓解一下等待的焦虑感，从而让等待的时间变得更加有价值。

5. 不直接参与客户服务的员工，避免让消费者看到

如果在客户等待的时候，这些员工进入到他们的视线内，客户会更加不耐烦，会觉得店铺的效率过于底下。

6. 充分利用科学技术，降低排队的出现率

如果客户每次来店里都在排队，无论我们的等待服务做的多好，但对于一些客户，他们的时间的确十分宝贵，自然不会选择等待。因此，不妨利用一些先进的技术，减少客户等待的时间。缩短客户等待时间，是解决客户等待问题的最根本点。因此，销售人员要善于利用科技的力量，从而方便客户进行产品的购买。

排队，似乎成了一种社会现象。做车要排队，买票要排队，吃饭要排队，购物结账还是要排队。人们的时间本身十分有限，但是排队现象还十分严

重。此时，消费者在排队的过程中，势必会产生焦虑的情绪，作为销售人员，要善于帮助客户打消焦虑情绪，让客户在等待的过程中，一样能够享受到周到的服务，感受到被重视和关注，只有这样，客户才不会选择离开，客户才愿意花费更多的时间在等待你的产品上。当然，销售员要想办法缩短客户的等待时间，这才是解决客户等待焦虑情绪的根源。当然，并不是所有的人，都愿意等待，对待不愿意等待的客户，销售人员要能够及时地给予服务，保证客户不流失。

上门服务，个性化专业定制

精品投行有两个基本特征：一个是注重长期客户关系和深度客户服务，一个是专注。首先，强调长期客户关系和深度客户服务是我们骨子里的东西，因此我们提供的服务往往比大行更宽泛，对潜在的利益冲突反而更在意。对所有精品投行来说，高品质的服务永远是生存和发展的第一法则。其次，术业有专攻，因为规模小，因此更要强调聚焦。

——易凯资本有限公司的创始人王冉

个性化专业定制服务的特点

个性化定制指的是根据客户的需求和喜好，并且需要客户介入产品的生产制作的过程，用户获得自己定制的个人属性强烈的商品，其商品具有与其个人需求匹配的产品和服务。在专业化定制过程中，需要销售人员主动上门为客户提供服务，了解客户的需求，帮助客户解决定制问题。

在与客户交流过程中，我们会发现，客户的需求总是多种多样的，这就表明很多客户都有专属自己产品定制的需求。而上门服务，则是销售人员去到客户所制定的地点，为客户提供产品服务。随着时尚脚步的发展，很多人都希望拥有独一无二的产品。因此，这就催生了个性化定制服务的产生。

个性化定制服务究竟有何优势呢？一般来讲，个性化定制服务需要销售人员去直接面谈客户，这就能够让销售人员直接了解客户的需求，从而增加与客户的接触，拉近与客户的距离。其次，根据客户的需求定制产品不会造成库存的产生，这就为企业规避了经营风险。再者，个性化定制服务能够最大限度提升客户的满意度。当客户对我们所提供的产品或服务表示满意时，他自然会将产品介绍给身边的朋友，从而增加客户群和企业影响力。

某公司为了举办八周年企业庆典，专门找到红酒销售员小康，小康来到这家公司的采购部，与客户曹先生进行合作洽谈。

小康："曹先生，您需要定制多少瓶红酒，对定制红酒有什么要求？"

曹先生："因为公司举办八周年企业庆典，到场的除了员工，还会有我们的客户。因此我们需要定制 1000 瓶红酒，并且每瓶红酒上都要有我们企业的 LOGO，更为重要的是要有'八周年庆典专供'的字样"。

小康："好的，那我回去让设计部给您设计出来红酒的包装，您如果觉得还可以，那我们再商谈红酒的其他细节。"

小康将设计出来的红酒包装给了曹先生，曹先生看过之后，结合曹先生的意见小康又让设计部重新修改了一遍。最终，按照客户满意的设计包装，如期给客户提供了 1000 瓶定制红酒。

上面这个案例是最典型的产品定制服务的案例，在销售过程中，很多客户因为不同的用途或者是目的，需要我们给予不同的定制服务。因此，作为销售人员，我们需要做的就是按照客户的要求，生产出符合客户需求的产品。

个性化定制服务的要点

虽然销售提供个性化定制服务，但是并不是所有的定制服务都能够让客户满意。因此，在提供上门服务和定制化服务时，销售人员一定要做到以下几点。

1. 上门服务要按照客户约定时间赴约

很多销售会忽略这点，在与客户约好了时间之后，因为其他工作原因，忽略了准时上门，时间一变再变，一拖再拖。最终客户会失去等待的耐心，反而会造成客户流失。因此，在与客户约定的时间，销售要如期赴约，不可让客户久等，也不可轻易改变与客户见面的时间。

2. 个性化定制服务并不是完全根据客户的意愿进行，要遵循科学性

很多时候，客户不是专业人士，在进行定制服务时，会按照自己的意愿，提出很多要求，有些要求可能对于产品来讲并不科学，甚至是无法实现的。此时，销售人员应该提前跟客户解释清楚，并告知客户正确的生产方法，避免后期出现客户不满的情况。

3. 给客户提出合理化建议，保证最终的产品能够满足客户的需求

客户的要求可能会有很多，在这个过程中，销售人员可以适当地按照自己的经验，给客户提出一些建设性的意见，确保最终产品能够满足客户的需求。

在市场竞争如此激烈的现代，越来越多的商家注意到小众服务的重要性，他们将单个的客户看做是企业提升利润的法宝。因此，个性化定制服务便成为了流行。销售人员在提供定制化服务的过程中，需要投入更多的精力去了解客户的需要，从客户的角度出发，制作出满足客户需求的产品，最终才能留住客户，实现销售额的提升。

峰终定律：把握关键时刻，留下完美印象

耳闻不如目睹印象深。

——古罗马诗人、批评家贺拉斯

峰终定律的特点

著名心理学家丹尼尔·卡恩曼曾经经过深入的研究，发现在体验式记忆由两个因素所决定：即高峰时与结束时的感觉，这就是我们要了解的峰终定律。打个比方，很多歌手演唱会在开始总是安排一首震撼的歌曲，这样可以带动全场的气氛，然后紧接着则是安排几首新歌，这几首新歌大部分人是不熟悉的，现场气氛随之也就变得平淡了。等到高潮部分，也就是连续几首比较经典的歌曲或者是请一些嘉宾驻场，同台演唱，此时现场气氛最为热烈，可谓是万人合唱。结束曲则是所有人最为熟悉的那首歌，让大家都回味无穷。其实，演唱会的安排就是利用了峰终定律。在高峰时刻与最后的时候，也就是听众印象最深刻的时候，留下完美印象。

科学家通过对人类大脑的潜意识的研究，总结出了峰终定律的特点。即在对一项事物的体验之后，人们所能记住的事物或者是印象最深的便是在高峰与终时的深刻体验，而在这个过程中，好与不好体验的比重，对记忆是不会产生太大印象的。峰终体验是一种资源配置的方式，而不是一种记忆的手段。

在宜家购物，一位老客户有很多不愉快的体验，他说自己想要买一件家具需要走完整个商场，这里的店员太少了，货架上找货物需要自己搬下来，等等。但是，这位老客户还是会不断光顾宜家，原因很简单，他说因为自己能够买到物超所值的产品，能够随意试用进行体验，尤其是在出口处竟然有1元的冰激凌售卖，并且味道十分不错。

对于这位宜家的老客户来讲，他的"峰终体验"是好的，"峰"就是物有所值的产品，随意试用的体验，什么是终呢？就是客户认可的出口处那1元的冰淇淋。

对于销售来讲，这种峰终定律也是十分有用的，在我们与客户进行接触的过程中，我们一定要利用好与客户交谈的高峰情绪与最后的关键时刻，加深客户对我们产品的印象，从而最终促成订单。

利用峰终体验，给客户留下好印象

一位老顾客经常光顾星巴克，他的体验是排队的人多、有时候找不到理想的位置，即便如此，但是他却很乐意去星巴克，因为他的"峰终体验"是很好的，"峰"可能是星巴克的咖啡味道、友善的服务员；"终"是店员真诚的微笑以及善意的提醒。我们不难看出，决定客户是否会购买产品的不是所有过程都做到面面俱到，而是在客户关注的事情和最终时满足客户的体验，从而给客户留下好的印象。那么，如何利用峰终体验，给客户留下好印象呢？

1. 销售员要清楚自己产品的优劣处所在

世界上没有一件实物是十全十美的，这是我们众所周知的理论，无论是人还是产品，都会存在一定的优势和缺点。作为销售人员，我们应该明白自己所销售的产品的优势是什么，劣势是什么。只有这样才能够让自己在销售的过程中，学会避重就轻，将劣势缩小化，优势扩大化。

比如，当我们看到产品的设计不够精致，但是性能很好的时候。不妨给客户安排一个产品性能的亲身体验，这样一来，客户即便看到了设计不够精致的产品。在体验了产品性能之后，内心自然会避重就轻，将产品性能当作是"峰"，如果此时销售十分热情和负责，这也许会成为客户的"终"，从而这次销售肯定会给客户留下好的印象，即便客户不会立刻埋单，但是也会对你的销售和产品性能产生好的印象。

2. 照顾到客户情绪，实现体验的价值

在销售的过程中，很多销售人员容易犯一种通病，即自顾自说，根本不会考虑客户的感受和情绪，这样一来，客户的体验往往是不好的。比如，当我们在介绍产品工作原理的时候，客户却在担忧产品售后不好，我们没有了解到客户的情绪变化，还在不停地讲述产品的工作原理，恐怕客户会很快选择离开的。同样的，如果将我们销售的过程定位为一种体验的话，那么在这次体验的过程中，一定要体现出价值所在，不要让客户觉得，我们销售了半天，都是在没有意义的付出，根本没有价值存在。这样客户也不会对你产生好感。

销售是一门学问。这门学问之所以深奥，是因为影响客户埋单的因素实在太多。我们进行一场销售，就要像演唱会一样安排，找准高峰期和最终时刻，给客户留下深刻的印象。产品或者服务可能会存在弊端，但是要将产品的优势定位成"峰"，将自身销售的优势定位成"终"，这样一来，客户的峰终体验是好的，自然我们也会给客户留下好的印象。

第六章

促单艺术：找准时机促成下单

创造客户需求，为成交提供条件

我相信推销活动真正的开始在成交之后，而不是之前。

——世界营销第一人乔·吉拉德

销售要善于创造需求

销售的最终目的即是成单，也就是创造客户需求。销售并不是一项没有技术含量的工作，而是创造、沟通与传送价值给客户，并让客户与其利益关系相关人收益的程序。销售的过程就是向客户介绍商品，提供利益，满足客户特定需求的过程。

要想帮助一个没有欲望获取成功的人去实现成功，几乎是难上加难的事情。同样，每一位客户都有一套属于自己的价值和预期体系，这种体系的建立基础则是客户的阅历和知识结构，因此，客户对待产品的认知也是不同的，销售人员需要根据客户的不同表现，了解客户的不同需求。

查尔斯一家三口到达多伦多已经是晚上十一点了，他们按照之前的行程安排，入住到当地的一家宾馆，这样做是为了方便第二天的行程安排。

当查尔斯进店之后，前台的服务员很热情地打招呼，为其安排房间，到达房间以后，查尔斯发现热水已经备好，屋里也十分暖和。

服务员看到查尔斯预定的是一间大床房，而查尔斯夫妇还带着八岁的儿子，便问道："先生，您是否需要加床服务。我感觉三个人挤在一张大床上可能会不太舒服。"

随后只见服务员用了不到两分钟的时间，便在房间加了一张小床。

虽然查尔斯多花了点钱，但是这一夜睡得十分舒服。查尔斯一家要在多伦多呆上三四天，本来打算暂住这家宾馆，可是因为这家宾馆的环境和服务都不错，索性三四天都在这家宾馆住宿了。

对于客户来讲，很多时候，他们本人可能不会发现自身有某些方面的需求，而这个时候只要销售人员加以提点，客户是很乐意接受我们的建议的。当然，挖掘客户的需求也是销售人员的必备素质。很多销售人员认为，客户的需求只有客户知道，只要认真聆听客户表达的需求就足够了，无需挖掘客户新的需求，这样的想法不在少数。然而，客户的需求存在真与假、虚与实，如果我们不能加以分辨、进行挖掘，那么很容易遗失客户、出现丢单。比如，一位客人进店本想够买一件羽绒服，但是进店之后发现羽绒服价格很高，在服务员的追问下，他可能嘴上会说自己希望购买一件价格便宜的棉服，内心想的却是要去其他店铺看看羽绒服，如果此时销售员不停地给客户推荐棉服，客户可能会在拒绝之后，直接扭头离开。

俗话说得好，客户感觉好才是真的好。因此，销售在发觉客户需求之后，要能够满足客户的需求。当客户的需求不时地改动，我们的产品也需要进行及时更新，从而创造新的需求点。因此，我们要想成为一个优秀的销售人员，就必定要善于发觉客户内心的需求。

创造需求就是让客户接受我们的观念

创造需求从深层次来讲，就是打破市场常规，改动了客户的消费、生活习惯，让消费者在不知不觉中接纳我们的产品。因此，销售的最高境地就是销售我们的观念。众所周知，要想客户顺利的接纳我们的产品，首先必须让他们承受我们的观念，进而接受我们的观念。只要人的观念发生了变化，思想有了改动，行为才会有所改变。

优秀的销售人员从来不会故意夸大产品的质量，而是会选择夸大消费观念。客户只需接纳我们的观念，产品自然就会被承受。因此，如何让客户各取所需，感到满意，这就是一种销售艺术。那么，我们不妨从以下几方面来着手，改变客户的需求观念，创造客户需求。

1. 在销售的过程中，销售员可以通过各种手段唤起顾客的好奇心，从而引起客户的注意力，最后从中说出销售产品的好处。当然，唤起客户好奇心的方法有很多，比如用绚丽的包装来勾起爱美之心的客户的兴趣；利用稀缺理论，让客户抓紧时间进行购买；向客户展示产品的好品质，从而吸引客户进行购买等等。总而言之，寻找一些新奇的点，勾起客户对我们的好奇心，从而实现高效营销。

2. 很多人都知道如何让马饮水，就是先给马喂盐。同样的道理，在销售过程中，我们要给客户创造大的需求，然后再想办法去满足客户的需求。比如王先生的电脑坏了，他需要将电脑拿到电脑店进行维修，了解到王先生的电脑已经七八年了，此时销售人员可以给王先生创造购买新电脑的欲望，从而促使其更换新电脑。

3. 销售人员要给客户创造一个购买产品的理由。很多时候客户看到新产品时，都会给自己一个不去购买产品的理由，而此时，我们要做的就是给客户一个购买产品的理由。让客户愿意去接受自己提供的理由，并在购买之后没有任何的"负罪感"、遗憾感等。比如，在销售之前先了解清楚客户，做到知己知彼，然后再进行推销。当客户因为价格犹豫时，我们可以采取打折等方式来进行促单，让客户觉得价格已经很便宜了，再不买就会涨价。

  对于客户来讲，他们不是真正意义上不需要某些产品，而是他们没有发现自己需要这些产品或者他们给自己设定了一个拒绝购买的理由。此时，作为销售人员，我们应该用心地挖掘客户的需求，帮助客户认知自己的需求，再给客户一个合理的购买理由，让客户愿意付出金钱的代价，从而实现销售的目的。由此可见，挖掘客户的需求，让客户接受销售人员的观念，才能够实现高效出单。

客户为什么说"考虑考虑"

我们不是有意要杀死谁，而是最后顾客的选择决定了让谁退出市场。

——中国企业家卫哲

探究客户犹豫的原因

当客户在听到我们对产品介绍之后，说道："我再考虑考虑"，这就意味着客户心中已经产生了疑虑，甚至是想要拒绝。所以，在与客户进行交谈的时候，就要让客户这种拒绝的念头"胎死腹中"，甚至是要做到快刀斩乱麻，千万不要拖延时间，否则客户会直接夺门而出。

当客户说考虑考虑的时候，销售人员要怎么处理呢？此时，我们经常会见到有些销售人员会做出以下几种错误的举动。

情景一：

客户："我回去考虑考虑再说吧。"

销售员："您还有什么好考虑的，这款多适合您啊！"

情景二：

客户："我想考虑考虑再决定买不买？"

销售员："这个产品这么好，您考虑那么多干嘛？"

情景三：

客户："我回家跟家人商量商量，考虑考虑。"

销售员："那您先考虑下，好了再联系我。"

以上三个情景，多半都是销售员惯用的应对方法，我们不难发现，当我们这样应对了客户的"考虑考虑"之后，客户却一去不复返，再也没有了音讯。其实，销售本身是一门心理学科，我们面对客户时，一定要学会揣摩客户的心理变化，这样才能正确应对客户的犹豫与拒绝，从而挽留客户，实现签单。

张小川在一家大型卖场做导购员，她主要销售的是女式皮鞋。在众多的销售员中，她的业绩是最好的，这主要归功于她善于进行销售。

这天商场快要关门了，一位女士还在不紧不慢地选购鞋子。这位女士走到张小川的店铺里，然后拿起一双黑色高跟鞋，翻来覆去看了好几次，然后又放下了。

张小川看出来这位女士喜欢这双黑色高跟鞋，便走过去，说道："您眼光真好，这款皮鞋可是我们这里的新款。别看它跟儿高，但是穿起来十分舒服。"

女士笑着点点头，没说话，但是眼睛还一直盯着那双皮鞋。

张小川继续说道："要不您试穿体验一下。"

女士说："不用了，我再考虑考虑吧。"

女士说完低头又看了看那双皮鞋，转身打算离开。

张小川问道："您是不是有什么顾虑啊？这款是新款，每天卖出好多双，所以不用担心质量问题。"

女士："不是担心质量。"她没有继续说下去。

张小川似乎明白了什么，她心想这位客户可能是在价格上有所犹豫，毕竟新款鞋子的价格比较高。于是，张小川说道："您要是真心喜欢这双鞋子，我可以跟我们店长申请一下，看能否给您优惠一些。"

女士没有要离开店铺的打算，问道："能优惠多少啊？"

张小川这下明白了，原来这位女士真的是在价格上有所犹豫，便说道："我给您问问，因为只有店长有优惠的权利，我没有这个权利。"

张小川说完跑着去询问店长，然后跑过来说道："您来的也算是时候，这不马上要"十一"了，虽然我们店里"十一"的活动还没开始，不过店长说如果您真的喜欢，可以按照"十一"的优惠力度给您打九五折，这样一双鞋您能省几十块钱呢。"

女士听了张小川的话，说道："那麻烦您给我算一算，打完折这双鞋多少钱？"

张小川拿出计算器，算完价格，女士听了便说："那麻烦给我开票吧。"

张小川在听到客户说"考虑考虑"的时候，没有马上催单，而是选择询问客户犹豫的深层次原因，再通过自己的详细观察，发现了客户犹豫的症结所在，最终解决了客户的疑虑，实现了签单。

在销售过程中，遇到客户拒绝或者购买时产生犹豫的情况有很多，此时，优秀的销售者会想方设法找到客户犹豫的原因，那么，一般来讲，客户产生犹豫的原因往往有以下几种：①价格不理想；②品质性能有疑虑；③售后服务不满意；④需求意愿不够强烈。每一种购买犹豫的原因的应对方法是不同的，这就需要销售人员掌握多种应对客户拒绝的方法，从而避免客户的流失。

巧妙应对客户犹豫的办法

客户一句简单的"考虑考虑"却给销售带来了很多的烦恼，客户考虑的越久，其成交的可能性也就越小，这就意味着我们出单的几率越小。那么，如果应对客户的"考虑考虑"呢？

1. 逼近一步，查找客户内心的真相

很多销售的失败在于根本不清楚客户的真实需求是什么，当客户说自己想要考虑考虑的时候，多半是销售员没搞清楚客户需要什么。此时，销售人员不妨先弄清楚客户内心的真实需求，追问一句"您因为什么疑虑呢？是因为我没介绍清楚产品吗？"向客户示弱，让客户告诉自己真实的原因，这样才可能扭转局面。

2. 真诚地建议顾客购买

如果弄清楚客户疑虑的根本原因之后，我们不妨认真地为客户做解答，甚至可以为了促单，想尽一切办法，从而真诚地建议客户进行购买，这种建议往往是站在消费者的角度去思考的，能够让客户感受到切身利益的。

总之，我们一定要弄清楚客户考虑的具体原因，尽量促成现场销售，毕竟客户在考虑之后，一旦离开现场，多半促单会变得困难。

销售是一个说服客户购买的过程，在这个过程中，客户会产生疑虑是在所难免的。作为优秀的销售人员，他们能够找到客户疑虑的关键点，从而想办法打消客户的疑虑，帮助客户实现真正意义上的放心，最终愿意放弃疑虑，实现促单。

判断客户的异议是真是假

利用顾客抱怨创造契机。顾客的抱怨是很严重的警告，但诚心诚意去处理顾客抱怨的事，往往又是创造另一个机会的开始。

——日本著名企业家松下幸之助

分辨客户异议真伪的价值

客户异议通常指的是在销售过程中，客户对销售人员的推销，表露出的不赞同、提出质疑或拒绝。我们通常会认为，当客户提出异议越多，就表明其购买的需求越大，购买欲望越强。但是并不是所有客户的异议都是真实可靠的，这是因为有时候客户并不想购买产品，于是提出一些假的异议，以此来敷衍、刁难销售人员，从而达到不购买的目的。

优秀的销售人员会学着去分辨客户异议的真伪，而大部分销售人员会不分真假，只要客户提出了异议就会全面解答，结果会被客户提出的问题所困。所以，当客户向我们提出异议时，我们要有意识地进行思考，了解客户是否真的对产品存在异议。

一位老大爷走进书店，他手里拿着一个孩童的书包，在书架上来回地翻看。导购员小美走过去，询问老大爷想要买什么书。

"我随便看看，看有什么可以给我孙子买的。"老大爷说道。

"您孙子喜欢看哪方面的书呢？"小美问道。

"他喜欢看科普类的。"老大爷说道。

"那您可以在这边看看。"说着，小美将老大爷指引到了科普类图书架区域。

老大爷还是有心无心地翻看着，似乎并没有看到自己心仪的图书。

小美随手拿出了一本最新出版的少年科普图书，便开始向老大爷推荐。在听小美推荐图书的过程中，老大爷还是四处打量着，似乎并没有认真听。

"姑娘，这本价格太贵了，这么薄的一本竟然要四十多，我自己看看其他的书吧，不用招呼我，你忙你的。"听完小美的推荐，老大爷说道。

正当小美不知如何应对时，店外一个八九岁大的小男孩儿喊道："爷爷，我们可以走了。"

老大爷看了一眼孙子，出了店门。原来老大爷是在等孙子下补习班，没地方去，看书店人比较少，还有座位，本想坐下等，不料遇到了热心的销售员小美。

很多时候，销售人员之所以无法做到销售成功，就是因为他们不知道如何来分辨客户是真的有异议还是故意的刁难。销售人员只有分清楚客户的真实意图才能够掌握客户的心理，从而避免浪费时间在无心购买产品的客户身上。

判断客户异议真假的途径

如果我们遇到一个根本无心购买产品的客户，即便我们再怎么认真讲述产品、真诚对待客户，恐怕也无法实现销售的目的。因此，我们要学会分辨客户的异议，了解哪些客户是有意愿购买产品的，而哪些客户根本没有打算买产品，只有这样，才能在有限的时间内，抓住主要客户，实现高效营销。

1. 认真倾听客户表述的异议

无论客户是真的想要购买产品，还是假的欲望的表现，作为销售人员都要认真对待每一位客户。这里所说的认真，是要求销售人员集中精神仔细倾听客户的异议，然后从中寻找隐藏的玄机，再根据自己平时积累的经验和知识，进行客户异议的判断。

2. 仔细观察客户的神态与表情

从心理学角度来讲，一个人的神态往往是其真实想法的一种外在反应。有时候，在销售人员介绍产品的过程中，客户会翻开手机不停地看时间，甚至会不断地看手表，连续不断地变化坐姿。这些动作看似无意识，其实是客户内心真实的反应。有经验的销售人员会很清楚，这个时候客户提出的异议往往是假的，销售员也不用太在意，可以和客户再约另外的时间进行访谈。

3. 及时向客户提出询问

优秀的业务员往往都善于提出问题，用开放式或者是引导式的问题来与客户进行沟通，这样做能够让我们知道客户异议产生的真正原因是什么。当然，销售人员也要善于间接地询问，通过客户的言谈举止，来分析客户的异议的真伪。

销售本身是一种与客户进行沟通的过程，作为销售人员，我们可以通过与客户沟通了解客户异议的真假，从而了解客户是否值得自己付出更多的精力去维护。当然，了解客户的异议对于我们进行下一步销售活动是十分有价值的，比如，通过了解客户的异议，能够辨别客户的需要，通过客户的异议客户让我们了解客户的接受程度。因此，我们不妨学会分辨异议的方法，从而实现尽快出单的目的。

利用惯性思维让客户说"是"

客户用逻辑来思考问题，但使他们采取行动的则是感情。因此，销售代表必须要按动客户的心动钮。

——价值工程之父麦尔斯

客户惯性思维的好处

所谓惯性思维，通常指的就是人们从事某项活动时，提前准备好的一种心理状态，这种心理状态能够影响后续活动的发展趋势、决定、方式。如果这种思维出现在销售员身上，则会成为销售的大敌，但是这种思维如果出现在客户身上，那会成为销售员的幸运，因为销售人员完全可以利用客户的这种惯性思维来让客户成为自己的永久客户，从而成功地卖出自己的产品。

对于销售人员来讲，与客户进行沟通是促单不可或缺的过程，在这个过程中，我们完全可以利用客户的惯性思维，来让客户认可产品，从而实现促单。

我们不妨看看以下案例。

销售员："今天的天气真好。"

客户："是啊。"

销售员："您住的小区的绿化做得真好。"

客户："嗯，是的，空气倒是蛮清新的。"

销售员："我看您家阳台上的花挺漂亮的，我还是第一次看到这样的花。"

客户："那是我在澳大利亚旅游的时候带回来的，没想到回国后长得更好了，花开得也大。"

销售员："证明您擅长养花，澳大利亚的花不贵吧？"

客户："是啊，在澳大利亚这种花不贵，但是在国内，这种花就贵得吓人了。"

销售员："我真美慕您，每天都能看到这么漂亮的花。今天我来是想让您看看我们公司最新的产品宣传册。"

销售员递过去宣传册，客户开始翻阅。销售员问道："需要我给您解释一下吗？"

客户："好的。"

这位销售员之所以会向客户询问那么多的问题，就是希望能够利用客户的惯性思维，让客户答应自己的宣传请求。根据科学研究表明，一个人在说了多个"是"之后，再说"不"字，就变得不容易了。因为客户说了多个"是"字，便具备了一种惯性思维，这要让客户在接下来的谈话中打破这种思维是不容易的，所以销售人员完全可以利用客户的这种惯性思维，成功的实现产品的介绍与推销。

利用客户惯性思维的方式

人是有思维的动物，这也是人类之所以被称之为高级动物的原因之一。人们在做任何决定的时候，往往都会利用习惯性的思考方式去解决问题，这就是惯性思维的力量。惯性思维会造成人们思考事情产生盲点，并且缺少创新或改变的可能性，不少精明的企业家就是从客户的思维定势中发现商机的，销售员自然也应该学会这种营销技巧，从而让客户在不知不觉中心甘情愿的掏腰包。那么，我们要怎样去利用客户的惯性思维呢？

1. 学会揣摩客户的心理

销售员在与客户进行谈话的过程中，其实就是我们双方相互揣摩心理的过程，所谓心理变化会通过言语表达出来，这一点是销售人员必须要了解的。因此，在与客户进行沟通的过程中，要能够从客户的言语中揣摩出客户的心理，了解客户是否喜欢这款产品，是否接受了自己的看法。对于销售人员来讲，我们要做的就是让客户接受自己的产品。

2. 销售员要把问题设计好

销售员在与客户进行交谈之前，必须做足了准备工作，其中不可或缺的就是将问题设计好，这样才能够和客户在谈话的过程中吸引客户的思维。在很多时候，销售人员的准备工作总是围绕着产品，对与客户沟通及客户心理分析并不注重，这是导致丢失客户的一大原因。

一位销售员向某公司的人事经理推销招聘会，问道："王经理，您好，您公司有招聘需求吗？"

王经理："有啊，我们正在招一名电工。"

销售员："请问这个岗位缺失电工多久了？"

王经理："有两个月了。"

销售员："这么久了，还没招聘上来。"

王经理："也没那么着急，老板也没催。"

销售员："我知道您工作一向很认真，老板肯定也特别器重您。咱们不怕一万就怕万一，万一在缺失电工的这段时间，工厂出了什么事情，而老板知道是因为没有电工导致的，那您肯定会受到牵连的。虽然我说的是万一出现的事情，但是这毕竟会影响到我们的工作。我建议您尽快招聘到这个电工吧。"

王经理："你说的也对，但是电工哪儿那么好招啊！"

销售员："那我本周六给您安排一场招聘会吧，您看怎么样？"

王经理："好啊，那就安排一场吧。"

这就是成功利用设计好的问题让客户点头的销售方式，作为销售人员只要能够设计好问题，那就很容易让客户根据自己的思路进行回答，从而尽快实现成交。每一位客户或多或少都会有惯性思维的存在，正是这种惯性思维会让他们做出相应的决定。因此，要好好利用惯性思维，从而让客户一步一步的走向我们想要的结果。

3. 主动引导客户进行惯性思考

在与客户进行交谈的过程中，需要我们尽量去引导客户的惯性思维，只有这样才能主导客户思维，让客户愿意接受自己的产品。

对于客户来讲，他们很容易对销售人员产生排斥心理，但是这并不影响我们进行推销。因为大部分的客户或多或少都存在惯性思维，当我们利用好客户的惯性思维，我们便能够实现销售的成交。

利用客户爱占便宜的心理

中国人的消费观是由来已久的，首先是贪便宜，商家有一套理论，即不能让你感觉便宜，一定要让你感觉占了便宜。

——艺术专栏作家、收藏家马未都

抓住客户"贪小利"的心理

什么是爱占便宜心理？其实，在销售过程中，客户爱占便宜，并不意味着真正意义上的让利，而是让客户感觉自己是占到便宜的，所得超乎所付或值得去付。比如，客户在选购商品时，往往都希望用最少的钱，得到最优的商品，也就是所谓的物美价廉，甚至还盼望着获得小赠品、小折扣、小优惠，等等。这种爱占便宜的心理与道德无关，只是交易过程中的一种心理满足。

在销售过程中，这类的客户并不少见，他们最大的购买动机就是能否占到便宜。所以，面对这类客户，销售人员无须鄙视客户这种心理，而是需要善加利用，通过不同的"让利"方式和活动，让客户感觉自己占到了大便宜，从而心甘情愿掏钱埋单。

曾经在古玩行有一个这样的销售方法。

一家古玩店雇佣了一个看似呆呆傻傻的伙计，并在店的最显眼部位放上最新的古玩商品，伙计在店面打点，掌柜的在后台喝茶算账。

上午店里没来几位客人，下午店里来了一位男士，手上戴着瑞士手表。进店第一眼便看到那个新摆放的花瓶。他绕着花瓶走了两圈，然后问道："这个花瓶多少钱啊？"

一旁的伙计认真地擦拭其他古玩商品，假装没有听到。

男士提高嗓门，又问了一篇："我说师傅，这个花瓶多少钱啊？"

伙计假装猛地反应过来，然后不急不慢地说道："这位先生，实在抱歉，我刚来不久，耳朵有点不好使，这个花瓶自我来了就在这里摆着了，我得问问老板多少钱。"

说完，这位伙计跑到后台，提高嗓音问老板花瓶的价格。

后台喝茶算账的老板故意提高嗓门，喊道："那可是宋朝的花瓶，摆了好久没人买，之前卖16万元，现在最少14万元，少一分也不卖了。"

男士自然听到了老板说的价格，伙计紧忙跑出来，回答道："我们老板说了，最少10万元。"

男士一听，想到店伙计耳朵不好使，听错了，自己可以占到4万元的便宜，为了避免店老板反应过来，他便急忙刷了卡，拿了花瓶走人了。

其实，这个花瓶最多也就值10万元，古玩店伙计之所以这样说，并不是真的耳朵有问题，而是利用客人的这种爱占便宜的心理，故意而为之，这自然是与老板提前商量好的营销手段。因此，通过这个例子，我们应该学会利用客户占便宜的心理，抓住客户这一心理，找到合适的销售手法，实现交易成功。

针对爱占便宜的客户，运用多种"让利"促销手段

爱占便宜的心理在客户身上或多或少都会有，只是一些客户的这种特

性表现的比较明显。同样，客户对于"便宜"所要求的方式也是不同的。

许多销售人员善于利用价格的悬殊差距来让客户感觉占到便宜，这种销售方式往往百试不爽，但或多或少有一些欺骗客户的嫌疑，所以无论哪种让客户感觉占到便宜的方式，都应遵从销售的原则，即满足客户对产品的需求。只有这样，才能保持和客户长久的合作关系，实现双赢结果。通常来讲，我们可以总结出以下几种让客户感觉占到便宜的销售方式。

1. 赠品销售

赠品往往被客户看作是白给的，不花钱的，因此，在心理上会有一种占到便宜的感受，从而很容易引起客户的购买冲动，实现对产品的销售。

2. 打折处理

利用打折的方式来进行促销，比如，日常没有折扣，只是在某个节日，进行折扣活动，客户在折扣活动期间进行产品购买，很容易产生占便宜的心理，甚至本不打算购买产品的客户，也会毫不犹豫的进行产品购买，原本只是打算购买一件商品，听到9折、88折这样的字眼，会冲动的买两件、三件，甚至更多的商品。

3. 优惠券赠送

优惠券又可分为礼品券、现金券、换物券、电子券等，这种方式有利于客户在形式上感受到节省了支出，从而引起购买欲望，并能刺激潜在的购买者。

4. 产品换购

对于稳固消费客户来讲，他们在购买完产品之后，进行限额限量换购其他产品，换购产品价格相对较低，这容易激发客户的占有欲和购买欲，可能兑换产品使用价值不高，但其价格便宜，会让客户感觉占到了便宜，从而愿意付费换购其他产品。

5. 积分兑换

积分优惠又被称为商业贴花，客户可以在多次购买完成之后获得积分，通过积分兑换礼品、赠品等方式来让客户感受到占了便宜。

随着销售渠道的增多，现如今制定的"让利"方式也是多种多样了，而无论是给客户赠品、积分，甚至是"降价"，我们的目的都是为了保证收益的基础上，让客户感觉占到了便宜，从而更愿意付出金钱，甚至花费更多的金钱去进行消费。

善于利用客户的贪便宜的心理，制定更多样的"让利"销售方式，能让成交变得更迅速，从而提升我们的销售额。

利用客户的冲动心理

人类一切的活动都发生于两个来源：冲动与愿望。

——英国哲学家罗素

客户冲动，销售盈利

俗话说得好："冲动是魔鬼"，这句话可谓众所周知，说的就是人一旦冲动起来，便失去了理智，做事也就丧失了原则。在销售过程中，客户的冲动心理往往普遍存在，客户的这种心理对销售而言，是有利无害的。因此，巧妙地利用客户的冲动心理，能够帮助销售人员获得收益。

什么样的客户是冲动型客户？这类客户喜欢追求刺激、冒险，往往不愿意受到约束。在做事情之前不假思索便能够采取一些行动，随时都能尽情地宣泄自己的欲望，总是会主动地表达自己的内心。面对这类客户时，销售人员应该想办法激发客户的购买欲，从而实现迅速出单。

销售人员无论遇到怎样性格的客户，目的只有一个，就是为了能够顺利促单。而要进行促单，分析客户的心理和性格是十分必要的。当我们面对冲动型客户时，最好选择"快刀斩乱麻"，勇敢地向客户推销自己的产品，因为这类客户一旦决定购买，便不会畏手畏脚，思前想后，如果我们错过了客户的购买欲高峰期，则会彻底失去这个客户。再者，销售员要抓住冲动型客户的喜好，迎合其心意。冲动型客户性格十分鲜明，喜欢就是喜欢，不喜欢就是不喜欢，因此，只要我们能够提供对方喜欢的产品，那么对方也会慷慨的进行购买。最后，冲动型的客户往往对于购物表现出热情的状态，在某个时间段内，客户的购买意愿也是十分强烈的。因此，抓住其购买最佳期十分关键。

冲动型客户往往不会要求货比三家，也很少会讨价还价，只要觉得产品适合自己，价格还算合理，这类客户便很容易进行产品的购买。当然，这类客户往往还容易收到外界环境的影响，当周围环境变化时，也会影响到他们的心境。

夏季的北京很热，中午属于商场售卖低峰时段。此时，一位男士急匆匆地走进了一个箱包店。销售员阿坤主动上去打招呼。

"我要去出差，给我推荐一款结实的行李箱。"男士主动提出要求。

阿坤拿出一款知名品牌的最新款行李箱，在男士还没听完性能介绍，就问道："这个飞机上能放得下吗？不用托运吧？"

阿坤回答不用托运之后，男士主动问其价格。

在阿坤说出价格之后，男士便主动掏出银行卡要刷卡了。

面对冲动型客户，他们总是急于表达自己的思想，不用销售人员过多地询问，便知道他要什么样的产品，想要达到怎样的目的。这类客户往往是天生的急性子，当销售人员介绍产品时，他们会迫不及待地想要知道价格，想要知道自己关注的点。这个时候，如果我们仍然慢条斯理地介绍产品，他们便会显得十分不安。另外，他们做事情不喜欢拖泥带水，一旦认定的事情，便会主动地进行解决，所以这类客户成交的可能性很大，也会在很短的时间内完成交易。

总而言之，如果我们能在销售的过程中，很好地把握冲动型客户的心理和性格特征，那么他们将带给我们滚滚的财源。

冲动型客户促单诀窍

据科学研究表明，在我们遇到的75％的客户中，他们对于购买产品的决定多是在15秒内完成的，所以说冲动心理是大多客户的"通病"。聪明的销售人员知道如何刺激客户进行销售，从而赢得最后的销售胜利。在大部分情况下，客户的冲动心理主要是源于消费者本身的特性或商场的环境，因此，销售人员不妨从以下几个方面进行着手。

1. 与客户建立信任的关系，适时出击

客户在冲动时购买商品，这绝对不是盲目的，因为谁也不想掉入商家的"陷阱"。只有客户真心需要某个产品或者是放下心中的戒备心，才会被销售人员调动出冲动的情绪。因此，我们想要获得销售的成功，就必须消除客户戒备心理，销售人员与客户之间建立起信任关系。有了这种关系，再不断地吸引客户，就能够瞬间点燃客户的购买欲望。不仅如此，销售人员更应该及时、准确地捕捉客户来之不易的冲动心理，并以更强烈的语言推销，让客户尽快实现交易。一般来说，客户在"冲动"的状态下，是不会进行过多的选择和判断的，如果此时我们没有把握住机会，客户一旦冷静下来，我们的交易就变得不那么容易了。

2. 不同人群的冲动心理有所不同

冲动的心理虽然人人都有，但在某种程度上也是有差异的。一般来说，从客户性格的角度来说，当我们面对琳琅满目的商品时，女性往往会表现出更大的冲动，而男性则往往比较理智。从年龄方面来讲，处于青春期的人群往往会比较冲动，购买产品也不假思索。因此，当销售人员遇到女性客户和青年客户时，要抓住其冲动心理，尽快实现出单。

3. 价格优惠，冲动更容易被激发出来

客户对于打折促销的产品似乎更加热衷，这种价格的优惠政策往往是让他们感觉占到了大便宜，从而从感觉上，冲动也就瞬间被释放出来了。商家可能只是让出一点点利润，客户便能够冲动起来，销售也会变得相对简单。

4. 商场环境十分重要

在商场陈列的商品一定要做到一目了然，让商品尽可能展现在客户面前，或者是在关键位置摆放畅销、利润最大的商品，从而达到吸引客户眼球的目的。除此之外，商家应该尽力将现场的气氛搞起来，因为活跃的销售环境有利于刺激客户的消费冲动，可以在商场显眼的位置请一些歌手、乐队、模特进行助阵，让气氛变得更加活跃，这种环境能够激发客户的冲动心理。

客户都有一种"趋众"的心理，销售人员完全可以利用客户的这种心理，来激发客户的冲动心理，最终实现出单。冲动型客户往往是销售人员最容易实现出单的客户群体，找准此类客户，在最短的时间内完成出单，这是十分重要的。

客户挑花了眼？帮他缩小范围

比起拥有更多的，还不如经常选择更少的希望。

——德国作家凯姆庇斯

客户犹豫不决的原因

有些客户天生优柔寡断，他们对产品并不是不满意，也并非不想购买产品，只是不知道如何做选择。在销售的过程中，销售人员最主要的就是要抓住销售的主动权，让客户的思路跟着销售走，从而帮助客户缩小选择的范围，增大其购买的可能性。

当客户面临众多选择的时候，他们不知道如何做出选择，同时自己也会变得十分焦躁。作为销售人员就要学会帮助客户缩小购物空间与范围，让客户能够做出决定。当然，并不是所有的客户都愿意去缩小购物范围的，这就要求销售人员具备一定的销售技巧了。

选择困难症是很多客户的"通病"，他们一方面希望拥有很多选择，而另一方面又害怕拥有过多的选择，这样一来，他们会让自己变得十分被动。优秀的销售人员在看到客户无法做出选择时，就要学会帮助客户做出决定，如果此时销售人员任由客户犹豫不定，最终可能会让客户变得无从下手，遗憾而走。

我们不妨看看以下这个案例。

丹丹为了孩子上学，只能租住在一处学区房。为了更好地照顾孩子，她决定买一个微波炉，能够每天给孩子做各种好吃的。她来到商场，发现琳琅满目的微波炉，自己竟然不知道买哪款好。此时，服务员蕾蕾在询问了丹丹的购物意愿后，给她推荐了一款国内知名品牌的微波炉，这个微波炉的功能十分齐全，不仅能加热食物，还能够烤披萨等，可谓一机多用。但是，这款微波炉的价位较高。

在丹丹表明价位高之后，销售员蕾蕾又拿出一款其他品牌的微波炉，价位适中，但是功能相对单一。面对这两款微波炉，丹丹无从抉择，她既不想出那么高的价钱，也不愿意购买功能少的微波炉，此时，她开始犹豫不定。

在看到丹丹的这种犹豫不决之后，销售员蕾蕾说道："如果您真的喜欢这款多功能的微波炉，我去找店长，看看能否给您一个优惠。"

销售员蕾蕾找到店长，然后告诉丹丹，这款微波炉可以打一个折扣，虽然折扣力度不大，但是会赠送一个微波炉专用手套。

听了销售员所说的话，丹丹决定购买这款价格较高的多功能微波炉。

通过这个例子可以看出，丹丹并不是不想购买微波炉，也并不是不喜欢这款多功能微波炉，只是碍于某一种因素，在犹豫是否要选择这款产品。作为销售员，就应该想办法帮助客户做出决定，减短客户犹豫的时间，这也是在缩短出单的时间。

帮助客户缩小选择范围的技巧

在客户犹豫不定，不知道选择哪款产品的时候，销售人员就应该根据客户的情况，帮助客户进行产品的选择，那么如何帮助客户缩小选择范围呢？

1. 根据客户需求帮其选择缩小范围

当客户表现出对多个产品都十分感兴趣，但是又没有办法全部购买时，势必需要销售人员帮其进行选择。销售人员在了解了客户的需求之后，可以根据客户的最初需求帮助其进行选购。要知道这样做不仅能够帮助客户解决困难，还能够实现催单的目的。而对客户需求的分析，需要站在客户的角度进行思考，切忌凭直觉来定位客户的需求。

2. 二选一法进行缩小选择范围

对于那些对产品感兴趣，但是迟迟没与做出决定的客户来讲，他们可能是不知道选择哪款产品好，此时，销售人员不妨使用二选一的方法来帮客户一把。比如销售人员可以直接问客户："你是要红色的呢，还是要蓝色的呢？"、"你是定200件还是400件？"、"你是选择长款的，还是短款的？"等等。这种方法表面上是看是将成交的权利让给了客户，实际上是将成交的选择权交给了客户，让客户从两者中做出一个选择，不管客户选择前者还是后者，结果都是一样的。

3. 使用优惠手法帮助客户缩小选择范围

大部分客户都希望在拥有好产品的同时，能够付出很少的金钱。有的时候客户进行犹豫是因为看上了产品的性能，却接受不了高额的定价。此时，他不得不询问功能性差的产品，因为这类产品的价格较低。客户内心即舍不得这款好的产品，同时，又想要拥有这样的好产品。所以，销售人员不妨积极地与客户进行沟通，运用小小的折扣或者是赠品来打动客户，让客户感觉购买价格高的产品是物超所值的，最终帮助客户做出选择。

作为一名销售员，最主要的不是推销产品，而是在帮顾客做出选择。在与客户沟通的过程中，我们要了解客户的真实想法，要善于给客户出选择题，最后再告诉客户最佳的答案，然后让客户去选择。这样不但能够减少客户的犹豫不定，更能够帮助客户做出正确的选择，最终实现成功销售。

关键时刻，帮助客户下定决心

只花一元的顾客比花一百元的顾客，对生意的兴隆更具有根本的影响力。

——日本电子之父松下幸之助

客户不下决心购买产品的原因

作为销售人员，不妨去思考一个问题，客户为什么一直没有和我们签单？是什么原因导致客户没有签单？很多同事提出客户总是喜欢拖，甚至说客户有"拖延症"。其实，很多时候客户没有下单，并不是客户没有购买欲望，也并不是客户不想买产品，是因为销售人员不懂得"催单"，不懂得"追单"。我们不能总是等着客户改变，或者是等着客户主动与我们联系签单，我们要做的就是转变心态，在关键时间点，帮助客户下定决心。

有的销售人员会有这样的心态，总是担心自己催促客户下单，会吓跑客户。要知道，客户往往不愿意主动地下单，很多时候都需要销售人员主动或者是去提醒。因此，销售人员需要把握住关键的成交时机，在恰当的时候，帮助客户下定购买产品的决心。

榨汁机并不是每家每户都必备的生活用具，很多家庭都没有。小赵是一家榨汁机品牌的销售人员，他的店铺来了一位上了岁数的老太太。老太太走到一款榨汁机面前，停下了脚步，小赵走过去，热情的和老太太打招呼，并询问老太太有什么需求。

"我看看榨汁机。"老太太说道。

"您看的这款榨汁机是今年的新款，功能很全，样子也好看，出汁率也很高。"小赵介绍道。

"能榨蔬菜汁吗？"老太太问道。

"当然可以，不但能榨蔬菜汁，出来的蔬菜榨还可以收集起来做其他的美食。"小赵说道。

"那倒挺好，就是不知道好用不好用。"老太太嘟囔着。

"您放心，质量没问题，我们每天都会卖十几台这款榨汁机。"小赵说道，

"只是……"老太太似乎想说什么，但是没说出来，"我再转转。"老太太打算离开。

小赵追问道："您是觉得价格贵还是在担心什么问题？"

老太太边走边说："按键太多了，我不识字，不知道怎么用。"

小赵知道了老人家的担忧，便说道："这个您不用担心，这个可以语音操作，我可以给您设定好，每次您按了开关键，便直接说话就可以，不用手动操作。"

老太太停下了脚步，反问道："还能语音操作？"

小赵说道："是的，这是新款，所以说功能性很强，您不必担忧如何操作。您看现在是不是可以考虑带一台了？"

"那好，那麻烦你给我设定好，我不会设置这些东西，在家也就是榨果汁、榨蔬菜汁。"老太太说道。

小赵成功地说服了老太太购买榨汁机，其实不难看出，老太太希望拥有这台榨汁机，但是却害怕不知道如何操作，小赵在帮助老太太解决了疑虑之后，便提出了成交的建议，老太太欣然接受了。销售人员应该学会主

动的帮助客户解答疑惑，从而帮助客户下定决心进行产品的购买。

帮助客户下定决心购买的关键时间点

客户为什么迟迟没有进行产品的购买，造成这种情况出现的原因有很多。或者是客户在考虑产品的性价比，又或者是客户不知道选择哪个品牌的产品等，无论客户担心什么，销售人员都应该学会了解客户的真实想法，从而帮助客户揭开疑惑。

当销售人员帮客户解开了心头疑虑，接下来便要找到促单的关键时间点了，我们总结了以下几个成交关键点。

1. 在给出客户选择之后

当客户不知道选择哪款产品时，我们可以帮助客户做出选择。比如，当客户不知道选择白色的外套还是红的外套时，我们不妨告诉客户红色外套显得客户皮肤白，此时，当客户同意了我们的说法之后，不妨赶紧送上一句"那您看现在开票可以吗？"

2. 在客户提出疑问，我们帮助客户解答疑问之后

很多时候客户对于产品都会有这样或者那样的疑虑，此时，我们要做的就是耐心帮助客户解答问题。当我们解答完客户的问题之后，如果客户对我们的答案还算满意，客户不再提出其他的问题之后，销售人员可以问道："现在您刷卡还是现金？"

3. 当客户不断夸赞产品时

很多客户在听取我们的讲解之后，对产品有了全面的了解和认识，此时，他们可能会夸赞产品的某个性能或者是产品的外表，销售人员在听到客户的夸赞之词后，不妨问一句："那现在给您开票，您看可以吗？"

对于客户来讲，他们并不是不需要我们提供的产品，很多时候是因为不知道购买的产品是否能够达到自己的心理预期，所以会产生犹豫不定的情况。在我们面对客户犹豫不定时，我们要学会积极地引导客户，找到成交的关键点，从而尽快地帮助客户下定决心，实现高效营销。

第七章

持续营销：成交只是刚刚开始

裂变：未来社会的营销新模式

销售领域里得到最高业绩的一个概念就是摇钱树概念。人脉销售就是一个开枝散叶，开花结果的过程。

——美国首屈一指的个人成长权威人士博恩·崔西

裂变营销的实现方式

在当今移动互联网时代，营销裂变是一种被使用较多的方式。相对于传统的广告传播，裂变的特点很明显，有着获客成本较低，传播速度快等明显的优势。作为营销人员，应该熟悉并掌握这种营销方式，从而实现快速出单。

裂变营销可以被称为是一种成本较低的获客方式，由于在日常生活中，其引流效果极佳，所以备受营销人员的喜爱。那么什么是裂变营销呢？裂变营销多以传统的终端促销加强为基础，其整合关系营销、数据库营销等方式，形成的营销理论。在实行这种营销初期，不会全面摊开市场，急速发展，而是会进行精耕细作，全力以赴进行单点突破。

企业实现裂变的流程是什么？一般来讲，多是由获客、分享、核心要素、裂变形式来实现的。通常情况下，企业通过品牌宣传、营销体验、内容传播等方式来吸引流量，实现用户的裂变。紧接着，通过社交分享，比如微信发朋友圈等方式来帮助企业拉更多客户，让老客户带进新客户。最后，裂变形式由公众号文章推送、线上订单消费后裂变等方式。

北京一家教育机构推出了一款 App，主要是用于幼儿英语启蒙教育。在市场上这种 App 已经不少见。在宣传初期，他们先邀请一批客户进行免费体验，免费快递绘本资料。在用户免费体验过程中，要求客户每天在微信朋友圈进行打卡宣传，连续一周便可以得 9.9 元红包，同时，只要是自己的朋友扫描自己分享的二维码注册 App，进行体验的便会返现 5 元。

通过初期的这种销售模式，很快，大量消费者免费注册领取了体验版教材。在客户进行一周的体验之后，对接的老师会鼓励大家进行月课、年课的报名，当然，月课、年课是收费的，但是老师会给争取福利，并且每一位客户邀请到朋友进行月课、年课的购买，都会得到现金红包奖励。

通过红包奖励与前期的免费赠送学习课程与资料，这家培训机构很快抓住了客户群体，并通过老客户邀请新客户的方式，扩大了客群范围与影响力。

裂变营销的模式

在裂变营销的过程中，我们需要了解裂变的模式有哪些，了解了裂变营销的模式，才能方便我们进行使用。具体的模式分为以下几种。

1.转介裂变

即通过客户分享，然后获得福利。这种裂变方式适合用于单次成本较高的产品，比如一些虚拟产品、线上教育课程等。通常来讲，这种方式能够通过分享免费听课，这种方式来实现其实际价格，并引流客户群。这种裂变方式多是通过一些对产品接受程度较高的老客户来引流新客户，从而让老客户带动新客户给企业创造新价值的一种方式。

2. 邀请裂变

这种裂变方式能够达到双赢。即邀请者和被邀请者同时得到福利和奖励。对于这种裂变方式来讲，老拉新是其本质，而需要老用户拉新人，自然要给老客户一定的好处，让老客户愿意拉新人进群，见效最快的就是给老用户拉新奖励。对于新客户来讲，为什么要接受老客户的邀请，除了对自身真的有帮助之外，还要能够得到新用户的奖励，这种裂变方式十分有利于 App 和微信公众号的扩散与传播。

3. 拼团裂变

拼团已经成为现今社会比较流行的一种消费方式，即邀请者与被分享者组团享受福利。这种裂变方式已经是比较基本的玩法了，老用户发起拼团，然后利用社交网络让自己的亲朋好友和自己一起低价进行团购产品，从而达到裂变的传播效果。这种裂变方式宣传的是新老用户同时省钱。

4. 分销裂变

即发展下线赚取佣金。这种销售方式可谓是一种一劳永逸的方式，也是目前很多公司都在利用的销售方式。其本质就是直销的二级获利，老用户推荐新用户，老用户获得一定比例的收益，比如佣金、兑换币、礼品券等，新用户则再转换角色变成了老客户，再发展自己身边的朋友为新客户。这种分销式的裂变方式，通常会让最先接受产品的客户享受到最大的利益，在市场宣传到达一定上限时，后期进入的客户往往只能充当消费者的角色，再想发展自己的下线客户，会有一定的困难。

5. 众筹裂变

即邀请好友帮助客户得利。众筹裂变是比较流行的方式，主要是好友之间有相同的认知，再加上福利和优惠的推动实现的一种裂变方式。

　　通过对以上五种裂变营销模式的总结，让我们看到了应用最为广泛和普遍的传播方式。当然除了这五种模式之外，拥有好的创意也是十分重要的，而好的创意的前提条件则是要能够分享出去，是在别人看到之后，愿意帮我们进行分享，才能达到相应的传播效果。

　　作为营销人员，不仅要了解裂变的传播方式，更应该学会运用裂变营销，结合自身产品的特点，让自己的销售变得更加地顺畅。裂变营销已经成为当今社会主要的营销方式的一种，可见，其影响力和所能达到的效果是十分瞩目的。

不要用 NPS 来衡量客户

提高顾客的满意度：产品差异是由顾客决定；会抱怨的顾客是好顾客；老顾客哪里去了？（老客户最重要）。

——香港富格曼国际集团董事长余世维

NPS 不代表客户满意度

什么是 NPS？它指的是净推荐值，又被称为净促进者得分，就是我们经常说到的口碑。净推荐值是一种计量某个客户是否会向其他人推介某个企业的产品或服务的可能性指数。它是最为流行的顾客忠诚度分析指标，也是专注于客户口碑。企业通过跟踪净推荐值，便能够了解企业在客户中的口碑影响，企业也可以让自己更加成功。

净推荐值存在的指标是客户满意度，但它却不能完全代表客户满意度，它只是直接反应客户对公司的忠诚程度，而这种忠诚程度受到很多因素的影响，因此，并不能表明净推荐值越高，忠诚程度越高。当然，企业通过对净推荐值的了解和关注，可以在一定程度上看到企业当前和未来一段时间的发展趋势，同时也能够看到盈利能力，所以 NPS 在公司业务预测、价值评估方面是能够起到一定利好作用的。

某公司推出一款微信购物小程序，在小程序上面有很多特价产品，他们诱导客户主动进行程序推广的方法是让客户发展下线，即自己的亲朋好友接受了自己的推荐，注册为会员，那么自己便能够得到佣金，自己的下线客户在购物完成后，自己会拿到提成。

　　其中一位推荐率很高的老客户，他的下线客户已经上百位，但是他根本不关注这款软件是否好用，产品价格是否合理，他只关注这款小程序中的特价产品与 0 元购产品。如果没有 0 元购产品，他会主动放弃这款软件。可见，他对产品的满意程度仅限于产品中的一小部分。

　　很多销售员会错误的认为，只要客户的净推荐值高，那么表明企业的口碑就越好，客户的忠诚度就越高。其实不然，因为客户净推荐值也会受到一些因素的引导。比如，当公司产品在某个阶段优惠政策较好时，客户会愿意推荐产品给周围的人，但是在活动结束之后，客户可能会放弃推荐，即便是推荐也可能会选择性地进行推荐。可见，推荐值不能代表客户对产品的满意度，但这是反映客户满意度的一种途径。

辩证看待 NPS 与客户的关系

　　销售人员希望客户能够主动的将自己宣传的产品推荐给身边的朋友，希望通过客户的朋友圈来达到宣传产品的目的。然而，要想让客户主动的向他人推荐自己的产品，可能并不是一件容易的事情。影响客户推荐产品的因素有很多，每一种因素都是会影响到我们的客户推荐积极性的。同样，净推荐值与客户的关系也是十分复杂的，不能一概而论，更不能将净推荐值当做衡量客户满意度、忠诚度的唯一标准。

　　1.在计算净推荐值的时候，我们会发现并不是忠诚度越高的客户的净推荐值就一定最高。很多忠诚度很高的客户自己会选择我们推荐的产品，但并不懂得分享给他人，甚至不愿意做主动的宣传。很大程度上，客户是否推荐我们销售的产品，受到客户情绪、性格、职位等多方面的影响。比如客户性格比较内向，在与朋友接触时，只有朋友提及到我们推销的产品时，他可能才会向朋友介绍产品的性价比。

2. 净推荐值高，不代表客户的满意度越高。受到我们营销策略的影响，或者是受到利益的诱惑，很多客户会主动的向亲朋好友推荐自己的产品，从而会发现这些客户的净推荐值很高。如果当我们问及他们对产品的满意程度时，他们可能还是会提出自己的不满或者是一些建议。由此可见，净推荐值无法达到准确衡量客户满意度的目的。

3. 净推荐值无法衡量客户对企业文化的认可程度。很多销售认为，当客户主动推荐我们的产品，净推荐值越高，表明客户对我们企业的文化认可程度也就越高。虽然净推荐值可以反应客户对我们企业文化的认知情况，但是却不成正比。原因有很多，比如客户推荐产品只是为了自身得到利益或者是福利，他们根本不关心自己推荐的企业的文化或者是口碑。而有些客户推荐产品可能只是为了亲朋好友的需要，却不多加考虑企业文化。

每一个优秀的销售人员都会密切关注客户的净推荐值，他们只会将净推荐值当做是一种客户忠诚度与满意度的参考数据，绝对不会单纯地以净推荐值的高低来决定服务的深浅程度。因为影响忠诚度的因素有很多，无论是企业文化，还是产品性能，甚至是产品的价格，都可能成为产品忠诚度的影响因素。同样的，影响净推荐值的因素也有很多，比如销售方案、福利诱导等。聪明的销售人员不会放松对净推荐值高的客户的关注度，也不会将净推荐值当作唯一衡量客户的标准。

保持跟进，巩固客户忠诚度

客户满意不等于忠诚！

——香港富格曼国际集团董事长余世维

客户忠诚度的重要性

什么是客户忠诚度？其又可以被称为客户黏度，通常指的是客户对某一个特定产品或者是服务产生好感，然后形成"依附性"偏好，进而重复购买这款产品的一种趋向。

美国著名的经济学家赖克尔德和萨塞曾经做过一个调查，他们分析了许多行业发现在决定利润方面，客户忠诚度比市场份额更为重要。当客户的忠诚度上升 5% 时，利润上浮空间可在 25% ~ 85% 之间。与此同时，企业为忠诚度高的客户提供的服务成本也在逐年降低。不仅如此，忠诚的客户会将自己购买的产品或服务推荐给自己的亲朋好友，从而为企业带来新的利润增长点，扩大客户群体。可以说，忠诚客户是企业竞争力的决定因素之一，更是企业长期利润保持的根本源泉。

今年张太太已经 55 岁了，她从小就开始使用中华牙膏，她说自己用了半辈子的中华牙膏，无论再如何好的牙膏，如果让她换个品牌，她还是会不习惯。她说自己买牙膏时其他品牌从来不会关注，进了超市第一个看的肯定是中华牌的牙膏。

不仅如此，在她的引导下，自己的儿子也是中华牙膏的忠实粉丝，就连自己身边的朋友也都是用的中华牙膏。

通过张太太的经历，不难看出她绝对是中华牌牙膏的忠实客户，她不仅将这种忠诚度传达给了身边的朋友，还传达给了自己的下一代。对于这部分忠实客户来讲，销售人员根本不需要进行产品的推销，客户就会主动地去选择这款产品。

很多销售人员认为只要客户对自己的产品满意，那么就会成为忠诚客户，其实这种想法是存在误差的。在销售的过程中，我们不难发现，客户会对某个产品的第一次使用感觉十分满意，但是在第二次进行购买时，客户依然会选择其他品牌的产品，这究竟是为什么呢？其实影响客户忠诚度的因素有很多，客户满意度只是形成客户忠诚度的必备条件之一，但不是全部。也就是说，客户对产品满意，不代表着客户不会选择更换其他品牌的产品，满意度只是客户的一种心理感受，而忠诚度是客户的一种持久行为的指示灯。因此，在客户表现出满意度之后，销售人员不可放松服务的步伐，只有当客户对产品的这种满意程度变成了一种习惯，他们才可能成为我们需要的忠实客户。

客户忠诚度的功能

客户忠诚度十分重要，它不仅对我们当下的销售十分有利，更对以后形成固定的客户群十分有帮助。在当今买方市场条件下，客户忠诚才是企业发展的最宝贵、最稳定的资产。在高度的忠诚之后，客户必然会在无形中帮企业创造利润，并能够减少利润创造的成本。由此可见，我们有必要对客户的忠诚度的功效进行总结。

1. 客户忠诚度创造盈利效应

忠诚的客户在需要产品时，会将我们的产品当作是第一选择，他们不会因为其他产品的销售人员的"甜言蜜语"而改变对产品的选择。因此，他们首先会继续购买或接受企业的产品，对于企业的新产品也会大胆进行尝试和进行购买，从而增加企业的销售收入和固定收入。

2. 忠诚客户缔造广告效应

忠诚的客户会将自己认可的产品积极地推荐给身边的人，同时，在不自觉中会进行产品的宣传。他们如同是一个传播体，会积极地为产品做广告宣传。正所谓最好的广告就是忠诚的客户。

3. 忠诚客户表露出示范效应

忠诚客户一经形成，他们对企业的潜在客户群或者是现有客户群都有很积极的消费心理、行动影响作用。当客户或潜在客户看到忠实客户的消费行为时，内心会增加购买欲望，同时会减少对产品的不信任与隔阂，从而更愿意去接受产品，甚至会引发流行现象的产生。

4. 能够降低成本效应

忠诚的客户会进行自我约束，他们会对产品进行重复购买，因此，对于这部分客户来讲，是无需进行过多宣传成本、销售配备等方面的成本投入的。同样，通过他们的宣传，引进的新客户也无需投入过多的公关、广告成本。从而，这就节省了企业销售的成本，降低了经营成本与开销，实现低成本促销。

5. 诱发经营安全效应

忠诚客户往往会对同一企业研发的新产品产生兴趣，他们很乐意尝试企业其他的产品，这就对新产品的开发与销售起到了很好的推动作用，实现企业多元化发展，大大降低了企业的经营风险。

6. 触发竞争优势效应

忠诚的客户能够帮助企业吸引新的消费群，从而为企业同质产品进入市场产生阻碍，也为本企业新市场的开拓提供了扩张器，这就促使企业在市场竞争中占有有利地位。

忠诚客户群的打造是每一位销售人员必须去做的事情，因为只有客户忠诚度增强，他们才能够成为我们利润中最稳固的一部分，我们才能腾出更多的时间去经营和开发新客户，将新客户转化成老客户，将老客户转化为忠诚客户。因此，作为销售人员应该对客户进行持续跟进，不可有半点松懈，否者很可能会造成客户的流失。

对于销售人员来讲，忠诚客户的缔造并非一朝一夕的事情。不仅需要在售前的准备、售中的服务、售后的维护，更要对客户进行长期的密切关注。一旦忠诚度形成，那么销售人员便能感受到忠诚客户带来的新的利润增长点。因此，销售人员要对客户建立长效的服务机制，从而尽量多地将客户转化为忠诚客户，减少销售投入成本，实现高效促销。

转介绍：让老客户帮你拓展新客户

正是因为有了互惠体系，人类才能成为人类。

——著名考古学家理查德·李基

老客户进行转介绍的前提条件

转介绍就是让老客户帮助我们介绍新客户，扩展新客户群体。如今各行各业竞争都很激烈，客户成为我们争抢的人群，而老客户也成为一个企业最为重要的资源。一个优秀的销售人员明白客户转介绍的优势所在，当老客户介绍新客户时，新客户会放低对产品或者销售的抵抗情绪，很容易与销售人员之间建立信任关系，从而降低了销售人员的服务和拓展成本，节约了销售出单的时间。因此，老客户是销售人员最需要珍惜的人脉资源。

所有的老客户都愿意帮助我们进行转介绍吗？我们会发现，愿意帮助我们进行转介绍的老客户必然存共同点。他们一定是对我们的产品十分地满意，也就是我们服务中，满意度最高的那部分老客户。只有他们对产品满意了，他们才会愿意将"好东西"介绍给朋友亲戚，与身边的人进行分享。

我曾经接触过一个企业，这个企业的年销售额上亿元，主要是从事教育培训的。但是奇怪的是，这么大销售额的企业竟然没有自己的官方网站，也没有任何纸质版的宣传资料，在任何地方也看不到这家企业做的广告宣传，这让我大吃一惊。那么这家企业是如何实现宣传和盈利的？

通过这家企业的销售代表，我意识到原来这家企业就是依靠老客户的转介绍，也就是老客户介绍新客户，新客户又成为老客户再介绍新客户。那么，为什么老客户愿意介绍亲朋好友来这家培训机构呢？销售经理说道："我只要说一个数字，就足以让你明白。我们的考试通过率为95%。"

原来这家企业做的培训项目都是要参加国家一些证照考试的项目，学员们来这里进行培训之后，便能够迅速掌握考试的窍门，通过率大大提升。因此，客户愿意介绍新客户来这里进行培训，从而轻松地通过考试，取得证书。

不难看出，提升客户满意度的核心价值就能够让客户重复购买我们的产品，并愿意将身边的潜在客户介绍给我们。众所周知，开发一个新客户所消耗的成本是维护一个老客户所需成本的5倍。因此，我们不妨提升客户满意度，增加老客户对新客户的引入，最终实现扩大客户群体范围的目的。

激发老客户介绍新客户的技巧

我们知道，并不是所有的老客户都愿意或者主动为我们介绍新客户的，我们除了要提升老客户的满意度之外，更应该从多方面着手，促使老客户为我们主动引进新客户，只有这样做，才能够让老客户愿意主动为我们介绍新客户。因此，我们不妨从以下几方面分析。

1.在我们面对很现实的客户时，他们不会主动地为我们介绍客户，而是在我们提供一些利益时，才愿意给我们进行转介绍。比如，在金钱上，我们给对方一些提成，或者是给对方一些赠品或者优惠，等等。当我们提供了这些"好处"之后，他会将身边的朋友介绍给我们。因此，我们可以利用这种方式来促使客户进行转介绍。

2.另外一种客户需要我们提供一些"荣誉"。这类客户喜欢出风头，喜欢表现自己。面对这样的客户，我们可以在产品发布会上让客户发言几句，然后给对方颁发一个荣誉证书等，从而多给客户表现的机会，让他尽兴。

3.我们在与客户交往时，一定要注意对方需要什么帮助。很多时候，客户不会为了钱或者是名誉给我们进行客户转介绍，他们会为了一些我们看不到的东西，比如需要我们帮助他解决一些问题，尤其是在产品运用过程中的一些问题。比如，一位老太太在购买了电视机之后，竟然不知道如何联网观看电视，开始求助于销售人员，在销售人员热情的帮助老太太解决问题之后，她便十分信任这位销售人员，开始介绍身边的朋友给这位销售员。

4.当然还有一类客户，他们不求回报，转介绍产品纯属是帮助我们，当然这类客户的转介绍几率也最小。在日常与这类客户交往中，销售员与他犹如朋友，他不会有所图。他会在自己的朋友圈内，发现有人需要类似产品时，主动地推荐你所销售的产品。

不同性格和需求的客户，对于转介绍的能力也是不同的。很多销售人员需要通过自己的促销手段和销售策略，来让老客户主动的介绍新客户。当新客户开始购买产品之后，我们更应该对这部分新客户进行认真维护，维护了新客户才能让这批新客户转化为老客户，继续为我们介绍新客户。

老客户是销售最宝贵的人脉资源。在销售的过程中，我们应该好好利用老客户这部分资源，让老客户发挥最大的价值，创造出最大的利润。当然，老客户之所以会给我们介绍和推荐新客户，最基本的因素则是对我们所提供的产品或服务感到满意。所以说提升客户对产品的满意度是进行产品推广、以老带新的基础，销售人员要保证产品的质量，同时也要保证服务的质量，只有这样才能够得到老客户的认可，从而让他们主动为我们带来新的利润增长点，实现扩大客户群体的目的。

社群营销：粉丝经济联动线上和线下

借力新媒体，将粉丝社群同相关商业、明星偶像等资源有机结合，最终形成具有一定组织性和规范性的商业社区，是粉丝经济的发展方向，且目前已经初现端倪。

——中国社会科学院新媒体研究中心副主任兼秘书长、研究员黄楚新

社群营销与粉丝经济的关系

社群营销是什么？其主要是人们基于相同或者是相似的兴趣爱好，然后通过某种载体实现人气的聚集，再通过对产品需求的满足而产生的商业形态。社群营销的载体不仅限定于微信，各种网络平台都可以展开社群营销。无论是大小论坛，微博，QQ群，甚至是线下的社区，都可以进行社群营销。

了解了社群营销，那么我们还要知道什么是粉丝经济，粉丝经济多指的是架构在粉丝和被关注者的关系之上的经营性创收的行为，多半是通过提升用户黏性，以口碑营销形式来获取经济利益与社会效益的一种商业运作模式。

社群营销需要找到属于自己的粉丝，因此，社群营销是将粉丝经济更为巧妙和全面的一种运用。比如在一个汽车社群里，进行车辆配饰的销售。首先要让更多喜欢车辆的人加入到社群里，再进行产品的销售。在销售的过程中，我们可以利用粉丝追捧的力量来实现快速营销。

酣客公社是一个白酒粉丝社群，也是社群营销比较成功的案例。这个公社的主要功能就是卖酒，3 个月的时间，销售额达到 2 个亿，这可谓是一个社群营销的传奇。

酣客公社对于中年粉丝群和企业家群有着很大的影响力，可谓在酒品售卖方面是首屈一指的。这个公社的产品定位是：匠心，逼格，情怀和温度感。这种产品定位也被很多中年粉丝所接受。

酣客酒销售的产品也是很讲究的，比如它仅售 199 元的可以 PK 茅台的极致白酒；这种没有中间商，通过互联网运作的粉丝化营销模式，吸引了很多中年成功男性的关注。一个超级铁粉将其身边喜爱酒的朋友拉到这个微信群中，然后一起玩儿酒，研究酒类的商业趋势，这成为一种兴趣的必然，从而达到销售酒品的目的。

酣客公社通过利用社群粉丝的力量，定位自己的产品与市场，从而吸引目标受众，实现产品的销售的目的。这无疑是社群营销的一个典范，同样，通过社群营销，人们对酣客公社的认知度也越来越高，无形中又扩大了客户群体的范围。

如何运营社群，实现社群营销

社群营销对我们进行销售十分有利，是实现快速出单的一大法宝。在实际操作过程中，社群营销需要销售人员先想办法建立社群，同样，对于社群的运营也并非是一件没有技术含量的事情。那么，销售人员要如何来运营一个属于自己的社群呢？

不可否认，对于毫无知名度的人来讲，要想运营一个社群并不是一件容易的事情，这并不是说我们毫无方法可选，而是告诉我们选择正确的运营方法，社群一样可以帮助我们实现出单。

1. 定位正确

先给自己一个正确的定位，作为销售人员，我们要做的就是要将产品销售出去，那么我们的定位自然是围绕产品和客户展开。同时，也要估算出客户群体范围，对客户定位准确，是建立社群的第一步。

2. 选准意见领袖

做社群营销的关键是要选择一个意见领袖，什么是意见领袖？对于销售来讲，就是这个行业内的专家或者是权威人士，这样就很容易建立信任感和传递产品价值。当然，不同行业有不同行业的专家，或者是影响力强的人。这往往是不容易实现的，但是只要我们能够找到更有说服力的人，相信客户会很快聚拢。

3. 学会吸引粉丝的技巧

想要玩好"社群营销"，自然要学会吸引我们的"粉丝"，如何去吸引粉丝，这对于很多销售来讲是一个难题。首先，我们要从自己的宣传内容入手，比如我们可以拍摄一些视频或者是写一些关于产品的体验文章，写一些关于自己的心得体会等，这样坚持做一段时间，内容传播到一定时限，自然会有粉丝进入到社群。其次，借用粉丝的力量来提高粉丝数量，就如同阅读一样，要让用户感觉到内容很好，使客户直接去转载，从而增加感兴趣的人进行阅读，当然，粉丝增长量也是如此，让用户感觉有价值，他们会关注账号，进入社群，从而也会带动身边的人去进入到社群中，进而成为我们的粉丝。最后，不要急于求成，用非正常的手段来提高自己的账户粉丝量，那样最终粉丝量上去了，所带来的价值和意义却不大，要知道粉丝量的增加是为了我们能够将产品销售出去，而不是单纯为了看人头数。

在社群营销过程中，如果我们的产品能够满足社群的需要，提供给粉丝一定福利，让客户体验产品，并让粉丝写出关于产品的优势，我想这样做一定能够更有说服力，也更能够吸引大量的粉丝进群。所以，时不时提供一些福利，也是十分重要的。

在社群经营前期，往往是没有多大收获的，甚至还需要我们付出很多人力、物力和财力，但只要我们的社群建立起来，粉丝量增加，忠实客户与潜在客户都加入到社群中，后期社群会十分的活跃，从而也会让我们的销售变得容易。

认同感对于社群来讲十分重要，只有当客户认同了我们的产品，我们才能够实现社群的建立。因此，在实现社群营销之前，需要先让客户对我们的产品产生认同感。认同感能够帮助销售者很快地扩大社群的影响力，从而实现促销产品的目的。

口碑营销：持续营销来自客户的口碑

虽然很容易找到社会传播的例子，但要想让某种事物流行起来却很难。即使在营销和广告上倾注大量金钱，能够流行起来的事物也少之又少。这就导致大多数餐馆以关门告终，大多数企业以惨败收场，大多数社会活动都未能吸引公众的眼球。

——美国沃顿商学院教授乔纳·伯杰

口碑营销是社会传播的必然

纵观古代，我们发现古代人喜欢把功劳刻在石碑上，让子子孙孙进行知悉和传承。而"口碑"一词的诞生和这个古代民俗有很大关系。比如口碑口碑，可谓是有口皆碑。口碑通常指的是大众口头上的赞颂，甚至是对好名声的传播，就如同记功用的石碑一样经久不衰。

在当今移动互联网时代，人们十分容易被社会热点夺走注意力。当然，企业的产品和品牌也会获得广泛的口碑宣传空间，从而促使口碑营销成为一种企业热衷使用的营销方式。那么，什么是口碑营销呢？顾名思义口碑营销就是利用产品或服务的好口碑来拉动销售的增长点。简单来讲，就是产品或品牌的正面影响力，使其在客户心目中留下深刻的印象。比如提到类似的产品，客户心目中会马上想起某个品牌的产品。

在发达国家，口碑营销已经运用到了极致。特别是自媒体时代的到来，改变了传统的生活方式，也改变了人们的社交方式。互联网营销的流行，也让口碑营销成为了越来越多企业间进行竞争的法宝。

美国有一家基金会，名为儿童许愿基金。这家基金会成立的目的便是为了帮助生命垂危的儿童实现自己的心愿。可谓知道你的品牌是一回事，让人们谈论你的品牌又是另外一回事。为了实现后者，美国儿童许愿基金会曾经发起了一个引人注目的活动。这个活动是围绕身患白血病的5岁男孩展开的，这位男孩希望自己能够成为一个超级英雄。

这个活动的举办时间是在2013年11月，许愿基金会为了实现小男孩的愿望，可谓创造了一个有史以来最大和最复杂的舞台剧之一。小男孩扮演小蝙蝠侠，然后惩恶扬善，拯救城市。为了让活动达到真实的效果，包括美国总统奥巴马在内的其他政府官员都参加了这次活动。旧金山的报纸无一例外地刊登了这场活动。

随着这场声势浩大、意义非凡的口碑运动，不仅让美国儿童许愿基金会在社交媒体上收获了189万的社群曝光，关于活动的报道的点击率达到250万次。除此之外，基金会的捐赠自然也增加了。

口碑营销的运用是需要遵循一定的规律与法则的，否则就是盲目出击、无的放矢，效果自然也不会好。善于运用口碑营销的销售人员往往能够引发与客户的情感共鸣，将品牌与产品打造得更加有个性，更加能够满足客户的需求，从而实现客户满意度的提升。

相较传统的营销方式，口碑营销的优势有哪些呢？其实，口碑营销具有宣传费用较低，可信度较高，针对性强，提高企业形象的优势。比如一个企业只要服务好老客户，提升老客户的满意度，再通过适当的宣传，让老客户将产品宣传给自己身边的亲朋好友，产品自然很容易进行推广。

给客户创造口碑相传的机会

塑造产品品牌的正面形象会直接正面影响口碑营销的进行。商家可以通过多种办法来向用户展现产品的特色，从而让产品更容易被接受。既然口口相传的力量扩散更容易被客户接受，那么，如何来创造客户进行口碑传播的机会，让客户有机会将产品宣传出去呢？具体操作方法如下。

1. 出乎意料赠送小礼品

客户购买我们的产品如果能够获得意外之喜，他们自然是十分喜悦，并且也会向其他人展示自己的"成果"，并会向别人展示自己的物有所值。因此，和你的产品相关的副产品或者是印有公司标志的小产品，比如水杯、钥匙链等。

2. 在客户将要离开时，记得给客户一张名片或者是公司手册

不管客户是否对你给的东西感兴趣，但只要足够精美，想必他们也不会扔掉。因此，你不妨赠送客户精美的卡片或者名片，让客户愿意将你赠送的东西进行珍藏。当别人看到精美卡片的时候，自然也会主动地询问客户关于产品的事情。

3. 定期举办酬宾的活动

每一年我们都会有一些促销的活动，而这些活动可以作为酬谢老客户的活动。比如在节假日举办年度庆典，让客户感觉到你对他们的关注。同时，邀请客户带新朋友一起参加，并提供给客户一些实惠。

4. 在不打扰客户的前提下多给客户一些消费指南

客户希望有专业的消费辅导，因此，企业可以在推出新产品之后，告知客户，并将新的消费指南和产品介绍发放给客户。让客户感受到产品和服务的特色，从而愿意对你的新产品进行宣传。

5. 关注客户的看法

当一些客户对你的产品提出建议的时候，不要轻率地告诉客户自己无能为力，更不要忽视对方的建议。而是要将客户的意见收集起来，并尝试改善，否则便会打击客户的积极性，甚至会激发他们对产品的不满。

营销不仅要关注客户的行为，更要关注客户的"言谈"。因为客户的一句话可能会影响我们的一次营销，在新的营销时代里，我们需要让客户关注我们，让客户传播产品与服务，让客户帮助我们实现利润最大化，这比我们进行单纯广告投入实惠得多。因此，口碑营销是我们不可失去的一种营销手段，利用这种营销手段，让客户进行口碑的宣传，最终实现销售的目的。